T0003602

BIRDS, BUTTERFLIES, & BLESSINGS WORD SEARCHES

Inspired by Faith

Birds, Butterflies, & Blessings Word Searches
ISBN 978-1-7364969-9-2
Published by Product Concept Mfg., Inc.
2175 N. Academy Circle #7, Colorado Springs, CO 80909

©2021 Product Concept Mfg., Inc. All rights reserved.

Written and Compiled by Product Concept Mfg., Inc.

Sayings not having a credit listed are contributed by writers
for Product Concept Mfg., Inc. or in a rare case,
the author is unknown.

BIRDS, BUTTERFLIES, & BLESSINGS WORD SEARCHES

The butterfly is a flying flower,
  The flower a tethered butterfly.
Ponce Denis Écouchard Le Brun

BIRDS happily chirping and
chattering in the trees...

BUTTERFLIES flittering and fluttering
across sweet blossoms...

BLESSINGS filling your heart with
warm thoughts and happy smiles...
it's all here in this collection
of word search puzzles.

Let your imagination roam
the world of feathered flight and
gossamer wings...

Let your heart flow with appreciation
for all the simple, everyday blessings
that grace your life...

Most of all, relax.

Be inspired.

Enjoy.

Sweet Singers

Find these songbirds.

Cardinal

Chickadee

Finch

Flycatcher

Grosbeak

Junco

Kinglet

Mockingbird

Nuthatch

Oriole

Robin

Sparrow

Starling

Tanager

Thrush

Veery

Vireo

Warbler

Wren

```
V T C L P Q T E L G N I K
J M O S F N X O B S X X T
U X Y C A R D I N A L A K
N G O G M Y N N N B N B F
C U W G R O S B E A K L O
O A T E I J U W G P Y A M
C O E H Q M C E E C X F M
N V Q N A R R L A Z G O M
M T E X O T O T I K C I Z
U R E B A I C D C K O U F
W Y I O R H H H I O L I D
R N B O E Y K N A G N Q R
J Z Y R S E G B P C M R S
W R M P N B D R H C G X S
O M G D I W E A C C B W Z
R L C R Y L D C K E B P C
R N D Y B F R E W C Q D F
A T H R U S H S N G I Z F
P Z A G N I L R A T S H A
S W X V I R E O O X Y A C
```

Nature's Blessings

Natural wonders are all around –
see if you can find them all.

Blue seas	Mountain
Daybreak	Planet
Floating clouds	Raindrop
Flowers	Shade tree
Forest	Shoreline
Grassland	Sky
Hill	Star
Milky Way	Sunset
Moon	Woods

```
D O E Q I N I A T N U O M
H P Y V M I Q U G E W L S
P M O O N T S G N O P H G
D T J L I Y M I O P A R F
K A X C K F L D O D A O L
O B Y U H E S R E S R M O
L Q F B R U D T S E R N A
R Z P O R N R L S A G J T
W L H E I E A T R C P M I
E S W A E N A F H V W G N
S T R W D K B K B I F E G
C E M I L K Y W A Y L V C
U S W L R U Y K S Z F L L
T P F P K A O A H I E S O
K B O K F H E T T X R V U
H E X S N S E E E E V T D
J W S R E N S O W Q F H S
W E B U A N V O F Y T N F
B A L L U T L E R R K Q D
A B P S Y F S D E Z J S C
```

Butterfly Wings

Find these colorful butterflies fluttering by, alighting on their favorite flower.

Banded Crescent

Blue Morpho

Checkerspot

Glasswing

Gulf Fritillary

Harvester

Monarch

Orange Dog

Painted Lady

Paper Kite

Scarlet Peacock

Swallowtail

Tortoiseshell

Viceroy

White Admiral

Zebra

W H I T E A D M I R A L M
C H E C K E R S P O T W K
N U I C G O D E G N A R O
H B L U E M O R P H O X R
L L E H S E S I O T R O T
N K C H A R V E S T E R H
R K H Y T A Y O R E C I V
G C C R N Y P D R A L J R
N O R A E V O M R L G G H
E C A L C K G B L B L Y H
P A N L S E E D I D A D Z
A E O I E Z Q Y A Z S A R
P P M T R M A P T X S L C
E T P I C I Y D W R W D R
R E N R D I X O O W I E F
K L H F E P B W L Z N T M
I R N F D D D D L K G N R
T A D L N A J C A I U I R
E C I U A J I D W J B A B
Y S S G B Q S B S O D P P

Prairie Dwellers

Find birds that inhabit the grasslands of North America.

Hawk	Prairie Chicken
Kingfisher	Sage Grouse
Lark Bunting	Sandpiper
Longspur	Shrike
Northern Harrier	Snowy Owl
Partridge	Tundra Swan
Peregrine Falcon	Wild Turkey
Pheasant	Wood Duck
Plover	Woodpecker

```
P  A  R  T  R  I  D  G  E  W  H  I  V
K  R  E  K  C  E  P  D  O  O  W  P  H
C  A  R  D  J  H  H  S  P  O  S  C  T
U  O  N  A  T  P  C  A  Z  D  Z  T  T
D  Q  E  C  H  L  K  G  L  K  L  P  Z
D  V  K  Z  N  O  K  E  R  G  A  R  X
O  L  C  X  O  V  H  G  E  G  R  Q  Y
O  O  I  K  C  E  N  R  I  N  K  K  H
W  N  H  F  L  R  A  O  R  L  B  W  Y
Y  G  C  U  A  Z  W  U  R  U  U  A  E
T  S  E  O  F  K  S  S  A  R  N  H  K
R  P  I  I  E  B  A  E  H  E  T  L  R
E  U  R  H  N  X  R  T  N  H  I  L  U
P  R  I  Y  I  F  D  N  R  S  N  W  T
I  B  A  E  R  E  N  A  E  I  G  O  D
P  P  R  K  G  J  U  S  H  F  C  Y  L
D  T  P  I  E  S  T  A  T  G  O  W  I
N  N  M  R  R  G  F  E  R  N  B  O  W
A  U  D  H  E  J  P  H  O  I  R  N  G
S  W  A  S  P  G  H  P  N  K  M  S  S
```

Butterfly Garden

Plant these, and butterflies will happily visit.
Find the flowers.

Agapanthus	Lantana
Aster	Lavender
Bee Balm	Marigold
Black-Eyed Susan	Milkweed
Blazing Star	Nasturtium
Butterfly Bush	Phlox
Coneflower	Salvia
Cosmos	Sea Holly
Heliotrope	Sedum
Hollyhock	Zinnia

```
B Q X O L H P Z W B B L D
L X C Y H G X Z O K J I Z
A W P H L A V E N D E R W
C M G S E D U M H B J T N
K I H E L I O T R O P E U
E L Q R E W O L F E N O C
Y K R A T S G N I Z A L B
E W H S U H T N A P A G A
D E S W R D L O G I R A M
S E U A A O A N C J W K K
U D B L M Y L L O H A E S
S K Y L U B A A I V L A S
A C L I I F B N R Q V O R
N O F Y T O F T A V E K C
M H R N R R R Z Z T H V W
V Y E I U R G L M L N P S
E L T G T C Z I N N I A X
W L T O S A S T E R B T L
K O U S A E M L A B E E B
M H B H N A F S O M S O C
```

Little Blessings

Find these everyday blessings.

Caring

Cheer

Comfort

Consideration

Encouragement

Family

Friendship

Good words

Help

Home

Hope

Inspiration

Kindness

Laughter

Nature

Optimism

Prayer

Support

Thoughtfulness

```
Q  I  Z  K  Y  V  H  T  N  H  D  B  K
P  T  X  X  N  O  F  Z  D  R  B  R  Z
A  H  Z  U  M  Y  S  A  N  L  E  M  H
Q  O  D  E  C  I  U  X  U  Y  S  D  G
U  U  E  F  X  S  M  C  A  I  P  O  C
S  G  Y  C  K  W  P  R  M  A  O  A  C
X  H  L  O  S  F  P  I  T  D  R  O  I
E  T  I  M  B  W  T  C  W  I  N  N  T
X  F  M  F  M  P  Y  O  N  S  S  N  C
I  U  A  O  O  Q  R  G  I  P  E  Y  Y
L  L  F  R  I  D  E  D  I  M  P  M  N
T  N  Q  T  S  T  E  R  E  I  P  J  P
C  E  I  L  V  R  A  G  H  S  H  S  H
E  S  F  N  A  T  A  S  U  X  S  I  P
P  S  U  T  I  R  D  P  B  E  D  F  H
O  R  I  O  U  N  P  R  N  C  Z  E  B
H  O  N  O  E  O  E  D  W  B  L  W  I
N  E  C  I  R  E  N  X  M  P  G  T  U
D  N  R  T  H  I  Z  E  R  U  T  A  N
E  F  T  C  K  R  E  T  H  G  U  A  L
```

Grounded

Find these birds that prefer to keep their toes on the ground.

Auk	Kiwi
Cassowary	Okinawa Rail
Emu	Ostrich
Falkland Steamer	Penguin
Flightless Cormorant	Red Rail
Giant Moa	Rhea
Hoopoe	Steamer Duck
Junin Grebe	Takahe
Kakapo	Weka

```
F C R L R G U Y F A W L H
A T K C U D R E M A E T S
L N T J J T K W D L R K G
K A O P A E H R Y T C I R
L R X P D U H W W L A U D
A O P N A X H Z E N M O P
N M E S U K P P T N A T J
D R N X A K A M B O A L O
S O G E T V O K O I K M
T C U H T A N S A A I Z H
E S I W I R T H R N E E V
A S N T W R E D A O B Y Q
M E I K I D E W P E R L K
E L B C K R A O R A I V A
R T H N D R O G W I L G H
T H Y U A H N O U F R O A
R G G I Y I S P M A X U X
F I L P N S S Q E X K C G
O L O U A A W Z X E I E U
T F J C L C L X S V P J W
```

Fancy Feathers

You can't miss these birds – they're dressed to the nines! See if you can spot them all.

Bee-Eater

Bird of Paradise

Drongo

Fairy Wren

Finch

Golden pheasant

Hummingbird

Lyrebird

Macaw

Motmot

Painted Bunting

Peafowl

Quetzal

Rainbow Lorikeet

Ribboned Astrapia

Streamertail

Tanager

Toucan

Widowbird

```
Z U F I Z Y U G M T E P M
K Y F I N E R W Y R I A F
D B L T A N A G E R T Q A
R L I N R T P W S H O O W
W Y A J F A Q Y D O U J P
M R T J T I U M R W C K G
G E R G E P E A I Q A T E
N B E T E A T C B L N N S
I I M O K R Z A G W Z A I
T R A M I T A W N O B S D
N D E T R S L T I F Q A A
U H R O O A R D M A Z E R
B C T M L D E R M E L H A
D N S M W E T I U P H P P
E I O B O N A B H O X N F
T F G V B O E W M O O E O
N A N F N B E O W O X D D
I O O M I B E D V Z Y L R
A Q R W A I B I L W N O I
P N D O R R B W J O A G B
```

Higher Meaning

Find the spiritual qualities that butterflies
represent in scripture, literature,
and folklore throughout the world.

Change	Rebirth
Creativity	Renewal
Emergence	Resurrection
Growth	Second chance
Inspiration	Soul
Joy	Transformation
Miracle	Transition
New creation	Triumph
Potential	Victory

```
R E C N A H C D N O C E S
E I N S P I R A T I O N M
P R E B I R T H T M S H Z
H F U Q F Q K J K I E Y I
V D R E M Y S O Y G R Y E
X X S X H C X G N A Y M T
O L U O S P R A D R E K R
I P T P W O H C J R B E A
P Q L R W C M O G O S O N
H M J T A W U E I U Y N S
P Y H E R N N N R T O H F
M A T A X C S R Y I P L O
U Q A I E R E I T D A S R
I I L T V C E A T I O Y M
R I P A T I E L T I R W A
T L Y I W R T N C O O Z T
S U O E C E E A T A M N I
V N G W S T N C E J R O O
S K E I O T I E C R W I N
I N M P S V V E R I C P M
```

Just Ducky

Find these quackers!

Canvasback

Crested

Freckled

Goldeneye

Harlequin

Hawaiian

Mallard

Mandarin

Marbled

Masked

Merganser

Mottled

Muscovy

Pintail

Ruddy

Shelduck

Shoveler

Teal

Whistling

```
Q  M  X  T  R  Q  J  G  R  Y  M  B  Z
G  A  U  Z  N  I  U  Q  E  L  R  A  H
K  N  U  S  R  E  S  N  A  G  R  E  M
K  D  J  S  H  O  V  E  L  E  R  M  C
C  A  W  V  Q  V  V  Y  U  I  P  R  H
U  R  U  P  J  W  D  V  A  E  A  X
D  I  M  H  A  D  R  F  J  S  L  D  A
L  N  V  U  F  P  S  T  G  W  M  F
E  A  V  R  S  X  M  E  V  H  Y  R  C
H  I  F  D  D  C  D  O  I  V  E  L  K
S  I  D  V  R  G  O  S  U  C  X  V  C
J  A  R  M  G  A  T  V  K  P  E  V  A
J  W  W  A  A  L  L  L  Y  M  Y  N  B
D  A  C  H  I  R  E  L  L  A  E  H  S
E  H  H  N  U  D  B  I  A  K  N  J  A
L  O  G  S  E  T  A  L  V  M  E  W  V
T  G  C  K  J  T  R  J  E  D  D  Z  N
T  W  S  G  N  M  V  T  A  D  L  V  A
O  A  R  I  D  P  C  T  G  A  O  W  C
M  B  P  T  E  A  L  B  P  H  G  Z  Z
```

U.S. State Birds

Find the name of the bird for each state listed.

- Alaska
  Willow Ptarmigan
- Arizona
  Cactus Wren
- Colorado
  Lark Bunting
- Florida
  Mockingbird
- Hawaii
  Nene
- Illinois
  Cardinal
- Kansas
  Meadowlark
- Louisiana
  Pelican
- Maine
  Chickadee

- Michigan
  Robin Redbreast
- Minnesota
  Common Loon
- Missouri
  Bluebird
- Montana
  Meadowlark
- New Mexico
  Roadrunner
- Oklahoma
  Wild Turkey
- South Dakota
  Pheasant
- Wisconsin
  Mourning Dove

B R D R I B G N I K C O M
Y H R U E E D A K C I H C
V R O A D R U N N E R X N
M O U R N I N G D O V E E
C N E N E R E W R N F X R
O W R H D X Y I O G Y U W
M T S A W Y D L B X G M S
M K U W M M U L I J W L U
O K A R M E M O N D N D T
N J J P X A I W R G Y M C
L E O Y T D P P E N Z U A
O C Z E N O H T D I C S C
O A E K J W E A B T D O L
N L N R T L A R R N R N A
Y Q A U R A S M E U I G N
N N C T Q R A I A B B E I
T Y I D N K N G S K E Q D
G A L L L U T A T R U A R
A R E I R Q B N P A L Z A
V T P W H O J N K L B I C

Travelers

These butterflies and moths head south when the weather turns chilly. See if you can find them all.

Army Cutworm

Bilobed Looper

Bogong

Buckeye

Cloudless Sulphur

Gulf Fritillary

Hawk Moth

Little Yellow

Miller

Monarch

Painted Lady

Red Admiral

Sachem

Silver Y

Skipper

Tiger

```
X F M O N A R C H B D N E
H D R H A W K M O T H I F
A S U B U D Q M E H C A S
J C H N W G Y R E V L I S
I W P B O B X N B Q P G U
G E L I L M T W H D Q M U
V Y U L L B X X G P Y R B
T E S O E A J Y A S R D K
I K S B Y A I Z G Y A N A
G C S E E R W E E V L Y W
E U E D L M S R L L L D L
R B L L T Y F E V A I A C
Q R D O T C F P M R T L T
V K U O I U J P B I I D N
X G O P L T R I X M R E I
C N L E D W E K R D F T N
B O C R C O L S N A F N R
L G O R W R L D I D L I U
K O A W P M I E O E U A O
A B G V E J M S B R G P J
```

What's In a Name – Birds

Find these feathered friends with names to make you smile.

Booby	Naked Neck
Boubou	Ruddy Turnstone
Bufflehead	Sapsucker
Drab Seedeater	Shoebill Stork
Frogmouth	Shoveler
Go-Away Bird	Sky Tyrant
Godwit	Smew
Hoatzin	Speckledy
Invisible Rail	
Kittiwake	

```
Q Z K C N V A U O B U O B
M Q X P R E K C U S P A S
K R O T S L L I B E O H S
B U F F L E H E A D K C S
Y M E K A W I T T I K A X
B Z V B Z S R G Q N X B G
O V U A S A U X O V A G J
O R F Y P G D H N I X J Q
B E C V E Z D S I S V O W
H T J K C W Y K E I N R G
O A N D K U T Y E B R E F
R E I R L K U T D L C L R
V D Z I E C R Y O E B E O
J E T B D E N R E R P V G
Q E A Y Y N S A T A T O M
Y S O A T D T N I I N H O
K B H W P E O T W L W S U
Q A D A W K N Y D E R Y T
Z R T O A A E G O C M A H
D D K G C N E D G B Y S A
```

Family Blessings

Find these homespun blessings.

Caring	Playtime
Children	Relationship
Family	Relatives
Food	Relaxation
Home	Rest
Kinship	Security
Laughter	Sharing
Love	Shelter
Memories	Singing
Pets	Togetherness

```
N N O I T A X A L E R C W
L B I B O R E T H G U A L
K S Y T H X G N I R A H S
K S I N G I N G W O Q T I
T Y T I R U C E S M T N X
C O E V O L L B J J O E Z
X F G Z T T P I H S N I K
E M A E W E M I T Y A L P
M P D M T H R P H E V P S
O G U W I H R E Y T I X V
H Q W N F L E P T H F O X
B B X S A U Y R S L K X N
E H N O E L Y N N S E G B
V Y X E H V O O E E N H R
L B M R R I I I U I S M S
Y F E S T D R T R S P S R
N Y D A X O L A A E T D Q
O Y L O M W C I O L S E F
B E E E O Z J G H F E T P
R R M W P F A M C C R R U
```

Monarchs

Monarch butterflies are easy to recognize –
see if you can spot these.

Antennae	Migrators
Banded	Milkweed
Black	Molting
Caterpillar	Nectar feeders
Chrysalis	North America
Dotted	Orange
Instar	Pollinators
Larvae	Pupation
Legs	Silk pad
Mexico	Wings

```
A  R  A  L  L  I  P  R  E  T  A  C  C
N  O  R  T  H  A  M  E  R  I  C  A  J
U  F  R  E  D  S  I  V  W  L  J  P  O
F  P  T  T  B  Z  R  C  B  Q  R  R  O
X  M  S  V  K  B  K  G  R  P  A  W  B
M  C  O  R  M  F  A  E  F  N  T  F  J
X  I  H  L  O  E  P  N  G  D  S  Q  B
S  Q  G  R  T  T  A  E  D  C  N  T  L
R  K  L  R  Y  I  A  N  Q  E  I  Q  A
E  E  A  Z  A  S  N  N  N  K  D  Z  C
D  U  R  L  D  T  A  G  I  E  O  Y  K
E  A  V  M  E  G  O  L  W  L  T  H  B
E  N  A  K  E  K  C  R  I  U  L  N  D
F  O  E  P  W  X  A  W  S  S  E  O  A
R  I  N  O  K  Y  M  D  W  G  J  W  P
A  T  S  C  L  W  S  E  N  V  P  F  K
T  A  G  I  I  C  O  T  J  J  S  S  L
C  P  N  X  M  K  X  T  T  Z  G  R  I
E  U  I  E  Y  Y  Q  O  Z  H  E  H  S
N  P  W  M  I  A  F  D  A  Q  L  O  A
```

Fresh Eggs

No need to "chicken out" with this puzzle!
Find these chicken breeds.

Ancona	Java
Andalusian	Jersey Giant
Barnevelder	Leghorn
Brahma	Orpington
Buckeye	Pekin
Campine	Plymouth Rock
Chantecler	Red Star
Cochin	Silkie
Easter Egger	Sussex
Hamburg	Wyandotte

```
C U Q N A I S U L A D N A
A N R O H G E L L F R N H
M S I L K I E Q I E C A N
P B N P W P P Q D O M P I
I L P D A L G S N B R Q V
N C I O H R T A U W I L E
E F M I I A K R G X N A J
D G M Q R Q G U D N S E G
E N K I A V A J O T R K C
W Y A N D O T T E S C H R
O B H D B L G R E O A E I
Y N I E Q N E Y R N D D Q
P K K R I G G H T L X V R
H E H P G I T E E A U C W
Z C R E A U C V M P X O F
A O R N O L E H F E E C M
L S T M E N A D G K S H G
L V Y R R R W X J I S I Z
P L L A B B V I S N U N A
P C B U C K E Y E X S T M
```

Feathered Friends

Find these peepers – they're part of the family in many homes.

African Grey

Brotogeris

Budgie

Caique

Canary

Cockatiel

Cockatoo

Conure

Dove

Finch

Loriini

Lorikeet

Lovebird

Macaw

Parakeet

Parrotlet

Pionus

Toucan

Yellow Amazon

```
T  F  A  T  O  I  B  Q  W  E  V  O  D
S  S  F  M  E  L  F  T  H  V  P  U  W
M  E  J  O  N  W  A  C  A  M  F  I  X
B  W  K  J  V  O  Y  S  U  N  O  I  P
Y  C  O  C  K  A  T  I  E  L  Z  N  U
P  E  S  T  B  O  O  T  A  K  C  O  C
A  M  L  O  V  E  B  I  R  D  Q  A  X
R  G  C  L  N  C  I  N  I  I  R  O  L
R  H  O  A  O  I  A  W  P  P  N  A  W
O  Y  O  E  N  W  I  I  E  K  S  M  S
T  E  S  R  S  A  A  J  Q  H  Q  P  Y
L  R  F  U  I  Q  R  M  A  U  M  T  L
E  G  C  N  R  T  Z  Y  A  M  E  O  A
T  N  E  O  E  H  E  N  T  Z  R  K  F
V  A  X  C  G  M  D  E  A  I  O  R  I
G  C  A  F  O  V  W  S  K  C  D  N  N
A  I  X  L  T  K  X  E  O  A  U  J  C
D  R  Q  W  O  Z  E  A  O  G  R  O  H
D  F  U  T  R  T  U  L  A  Q  G  A  T
Y  A  M  V  B  U  D  G  I  E  F  O  P
```

Moths of All Colors

Some moths are as colorful as butterflies.
Find these bright ones.

Comet	Sunset
Lime-Hawk	Giant Leopard
Twin-Spotted	Emperor
Oleander	White-Lined
Io moth	Luna
Garden	Hercules
Gallium Sphinx	Coffee Clearwing
Rosy Maple	Elephant
False Tiger	Japanese Silk

```
Y D R A P O E L T N A I G
Q Q G S N P E K G F M I Y
K C K W G W D H P A U D C
P R N R N H W J W L Q O J
Z H E E I I K A R S M G L
M M M D W T S P P E E V U
Q W P N R E W A T T M E N
E X E A A L H N J I H L A
W N R E E I E E Q G G P Y
C I O L L N R S E E B A D
J H R O C E C E L R Q M E
B P K A E D U S I U T Y T
G S L I E A L I M I N S T
A M M P F W E L E O A O O
R U O B F S S K H M H R P
D I N Y O S R L A O P H S
E L X F C Q F W W T E G N
N L Z M E E R A K H L Y I
I A E A D Y B C W A E U W
I G S C S U N S E T Z P T
```

High Flyers

These birds can soar at heights over 10,000 feet. Find these high flyers.

- **Alpine Chough**

  26,500 Feet

- **Andean Condor**

  21,000 feet

- **Bald Eagle**

  10,000 Feet

- **Bar-headed Goose**

  27,800 Feet

- **Bar-tailed Godwit**

  20,000 Feet

- **Bearded Vulture**

  24,000 Feet

- **Common Crane**

  33,000 Feet

- **Griffon Vulture**

  37,000 Feet

- **Mallard**

  21,000 Feet

- **White Stork**

  16,000 Feet

- **Whooper Swan**

  27,000 Feet

```
Y C M B Q M S X L B Q M J
J Q A A E F T H U S B Y A
W O D R L A F I L D E S N
E G A H Q L P Z L F A C D
K T N E E P A D I B R N E
M Z A A R I V R J Y D T A
U E W D U N H E D U E I N
U H S E T E I N H R D W C
V T R D L C L A C V V D O
G F E G U H A R M U U O N
F V P O V O M C K T L G D
E R O O N U H N R H T D O
L J O S O G K O O F U E R
G F H E F H I M T X R L O
A N W O F C V M S R E I W
E Q D S I K M O E F S A S
D L E X R Q X C T F U T A
L U V E G G Y Y I B H R L
A F E L U N R I H D V A D
B N I E N J D H W Q X B R
```

43

Symbolic Birds

In folklore, various birds take on human roles or characteristics. Find these symbols from around the world.

Awakening

Divine care

Fearlessness

Freedom

Guidance

Independence

Infant deliverer

Intelligence

Long life

Messenger

Oracle

Peacemaker

Power

Prosperity

Protector

Strength

Trickster

Truth

Wisdom

```
C E C N E D N E P E D N I
N S S E N S S E L R A E F
M E H T U R T E L C A R O
P L G R E K A M E C A E P
R C U E I H T G N E R T S
O P I E N X M O D E E R F
S R D O F H W G D Z V J T
P O A P A E F I L G N O L
E T N R N V B Q Z D N V E
R E C R T Q A B V R B A C
I C E E D B A A D V R K N
T T R R E M W C A Q E L E
Y O E A L T A X L A G Y G
D R T C I P K G C H N Q I
X M S E V I E X A I E I L
O O K N E R N Y V Q S V L
Z D C I R E I O N L S V E
Y S I V E W N I V N E U T
Q I R I R O G O C W M Z N
J W T D D P Z R W X Z A I
```

Smile-Bringer Blessings

These are the blessings that lift your spirits!
Smile while you find these words.

Amusement	Laughing
Chuckles	Levity
Clown	Mirth
Comedy	Play
Comic book	Pleasure
Enjoyment	
Funny papers	Recreation
Good cheer	Silly pun
Jester	Smiling
Joke	Wit

```
B  M  L  A  U  G  H  I  N  G  N  E  S
W  C  S  E  D  S  F  I  O  C  F  P  P
L  Z  O  K  J  T  Y  O  V  C  B  L  F
R  R  C  M  I  E  U  I  L  G  E  A  O
O  L  E  W  I  H  S  O  X  A  L  T  A
X  T  K  C  J  C  W  T  S  C  E  J  A
H  T  E  K  R  N  B  U  E  S  V  C  D
W  W  N  N  C  E  R  O  F  R  I  H  L
K  X  N  E  J  E  A  T  O  E  T  U  K
S  Z  T  S  M  O  C  T  Q  K  Y  C  S
R  E  S  F  O  E  Y  O  I  C  A  K  D
E  S  Y  X  L  R  S  M  M  O  Z  L  F
P  I  B  E  W  P  U  E  E  N  E  P
A  L  I  K  G  E  X  D  M  N  D  S  T
P  L  W  O  N  H  P  C  Y  A  T  Y  S
Y  Y  V  J  I  C  M  X  H  A  A  F  F
N  P  E  L  L  D  T  Y  H  T  L  S  Y
N  U  D  D  I  O  N  U  V  C  R  P  H
U  N  K  C  M  O  E  U  Z  H  L  I  A
F  X  N  J  S  G  I  H  J  F  E  H  M
```

Only in America

These birds are found nowhere else.
Find the bolded words.

Florida Scrub **Jay**

Greater **Prairie** Chicken

Red-**Cockaded** Woodpecker

Seaside Sparrow

Fish Crow

Boat-Tailed **Grackle**

Yellow-Billed **Magpie**

Black **Rosy**-Finch

Brown-**Capped** Rosy-**Finch**

Gunnison Sage **Grouse**

Lesser Prairie **Chicken**

Island Scrub Jay

Carolina Chickadee

H X H L F T F W M F U C Y
R P P G R O U S E H S I F
A R Z V W M T J G Z L H T
V A M S O N H L Y E G D C
E I Q D S L H O S R N A E
T R N W J O G S A A P Y F
S I Z O T S E C L P B L U
M E W M C R K S E Q O P L
J C A R H L I D J R B S C
W W G S E N F H I Z E H T
C P B O I P L D F P I W E
Q R V P I D A Z J C D A O
J A H D B N E J K Y S O R
A N E I E G O E F L T R T
Y I O W E D N S T A O B X
V L E C O I A H I D W D U
B O H K F L P K C N P B T
J R Y F Z E L G C N N K A
G A I M C X I E A O I U U
Z C A O U A U A Y M C F G

Seafarers

These birds are accomplished fishers.
See if you can find them.

Albatross

Booby

Frigatebird

Fulmar

Gannet

Guillemot

Kittiwake

Little Auk

Murre

Pelican

Penguin

Petrel

Puffin

Razorbill

Seagull

Shearwater

Skua

Tern

Tropicbird

```
Z W U D S S O R T A B L A
M W P W P E N G U I N Y H
F U L M A R D L W Q H X L
U V R M E O R B E R R U M
N X V A Q Q L T V R R C U
T G S I Z N Z T J F T R J
A E G H F O C T E J E E G
O L R W N B R K E T H U P
B T E N C I A B A N I D E
O Y R P V W F W I L N D I
O J T O I U R F L L R A D
B O T T P A V E U I L K G
Y A T O E I M Z B P W U R
Z I X H V O C E Q N L A L
K V S R T Y T B A A L E L
C A K V S A H C I B F L U
X Q D P G N I K T R D T G
J N F I I L P H W L D T A
K J R F E S K U A O S I E
Q F T P F V C O W E Q L S
```

In a Word

These words of four or more letters are formed using the letters in BUTTERFLY. Find them all.

Blue	**Flutter**
Brute	**Fret**
Butler	**Lube**
Butt	**Lute**
Butte	**Rebut**
Butter	**Rube**
Buttery	**Rule**
Flub	**Truly**
Flue	**Tube**
Flute	**Utter**

```
U  X  R  L  F  S  B  R  X  U  Y  S  B
B  B  F  I  V  L  C  O  U  B  A  R  E
T  U  C  G  C  F  B  L  R  L  U  P  T
I  T  T  I  Y  U  L  U  T  E  O  W
Q  L  U  T  L  N  B  U  E  T  W  T  H
Y  E  T  F  E  E  P  D  E  E  E  Q  N
R  R  T  C  K  R  L  C  Q  B  B  K  Y
E  U  E  R  A  Y  E  S  E  E  G  U  P
T  O  R  K  W  Z  Y  O  U  E  Y  E  L
T  B  K  P  W  C  F  W  L  M  Y  K  P
U  W  W  Y  B  L  K  B  B  R  S  B  K
B  R  S  A  G  L  O  Z  G  Y  G  U  V
L  E  I  T  J  V  Z  E  E  L  A  U  K
X  T  I  S  Q  G  N  Y  B  T  O  I  I
M  T  P  Z  T  I  L  Q  X  U  U  C  G
D  U  B  M  R  B  E  G  T  O  T  L  X
G  L  J  W  U  T  P  T  N  U  T  N  F
Z  F  W  S  L  G  R  T  T  E  B  X  U
B  U  T  T  Y  G  V  N  R  U  I  E  M
F  A  Z  N  Y  J  I  F  K  A  B  M  R
```

Inspirational Blessings

Uplifting, heartwarming words bless
others with love. Find these characteristics.

Admirable	Kind
Affirming	Lovely
Assuring	Noble
Authentic	Openhearted
Cheerful	Optimistic
Enlivening	Positive
Excellent	Praiseworthy
Gracious	Sociable
Joyous	Sunny
Just	Welcoming

```
J  R  S  W  U  N  O  F  A  P  W  F  F
A  X  O  S  F  H  Z  S  T  S  A  Q  H
U  P  Q  T  R  T  S  N  O  V  D  H  N
W  A  X  K  B  U  E  C  Y  O  E  E  K
Y  K  B  R  R  L  I  L  Y  V  N  S  N
A  N  V  I  L  A  O  N  I  L  U  O  A
X  A  N  E  B  V  N  T  I  O  B  U  P
K  G  C  L  E  U  I  V  I  L  T  R  O
F  X  E  L  S  S  E  C  E  H  A  U  P
E  M  Y  P  O  N  A  T  E  I  Z  H  E
W  S  F  P  I  R  H  N  S  D  C  M  N
E  N  U  N  G  N  T  E  G  I  B  G  H
L  D  G  N  R  I  W  N  T  D  N  L  E
B  N  Z  X  C  O  I  S  Z  I  U  A  A
A  I  Q  U  R  M  I  S  M  F  H  F  R
R  K  O  T  R  M  U  O  R  G  M  W  T
I  E  H  I  I  O  C  E  D  T  P  N  E
M  Y  F  T  Y  L  E  D  P  G  S  X  D
D  F  P  O  E  H  C  Q  Y  W  P  U  G
A  O  J  W  C  W  Q  Q  N  V  U  P  J
```

Winging It

Many kinds of birds make distinctive
noises with their wings – find these sounds.

Beat

Buzz

Clap

Click

Drone

Flap

Flutter

Hum

Murmur

Pulsation

Quiver

Rush

Rustle

Snap

Squeak

Susurrus

Swoosh

Vibration

Whir

Whisper

```
Z Q M S U Q U I V E R M Z
Q P T D W D A M Y T R J H
L G U D J R W Q N E A W P
E B D L U G I O T M C E B
L F V S S U F T K Q I N B
T K H U R A U V K R W V B
S O J J K L T E Y S I U A
U W N D F Y F I W R Z H W
S E S R W U B O O Z B H W
U T L O R U O F H N T D D
R D U N G S D C G J E O L
R M J E H S R L N G Y W Z
U X C S X E T O K A M K Y
S F Q S P N I M T C I U K
Z Q L S N T L M R R I I H
U R I A A A W K U P A L C
Q H T R P B P M I M G P C
W L B V S X R Z C K D A Y
G I U Y W U Y E L T S U R
V X C F M B M K A E U Q S
```

Birds of a Feather – A-G

What's a group of birds called?
Find these fun group names!

- Buzzards

  Wake

- Cardinals

  College

- Catbirds

  Mewing

- Chickens

  Peep

- Crows

  Murder

- Eagles

  Aerie

- Finches

  Charm

- Flamingoes

  Flamboyance

- Flycatchers

  Swatting

- Godwits

  Prayer

```
N Y Z A J E X G N I W E M
M B G K O D T E W G V L S
B P E C N A Y O B M A L F
A G E X Z S E G E I R E A
S Y S E O A W D I W K E E
B E P W P B O P D V K Z W
W E C P A K Z P N Q S C U
F N M J Z T Z C R K N I S
E E V T R A T V Q U E C V
J W U L P X F I Q O Q G P
G U V U Z J Q O N B Z D C
W K M V L O R P U G K H E
M F J C H E N D S F A O X
G T T I D L J T T R E R Z
R N C R T V W I M G N I Y
E P U D R W S Y E M J S Y
Y M Q S J X D L Y E J P M
A C Q N E C L X K J D B F
R R V X K O X A G G U R H
P M V A C K W S R C V T Q
```

Birds of a Feather – J-W

What's a group of birds called?
Find these fun group names!

- Jays

    Scold

- Magpie

    Mischief

- Owls

    Parliament

- Pelicans

    Scoop

- Roadrunners

    Race

- Ravens

    Conspiracy

- Sparrows

    Quarrel

- Starlings

    Murmuration

- Waxwings

    Museum

- Wrens

    Chime

```
K S Z N W U S K X Q N J C
B J D U W Y K I L U R O M
W S M H B J D T L W N M W
E M C M M P S V V S J I D
U Q E O S R G F P T T S I
H N U O O F C I Z N E C S
K W W A P P R Z X A N H H
J X E U R A Q I I R K I R
X M K J C R E C A R N E D
F S B Y Q Z E O L O Z F P
N A D W D E V L I F T M O
Q H E G W J S T O N U U D
B G T K G J A P E E C R L
X H C P V R Z M S H O V O
P K A Z U F A U Z L D R C
P K A M W I M F E Y X J S
O Q R D L Q C H F M L U L
E U O R P F Q V B V I V V
M K A S H W Z V H F B H V
K P M E L Q I A A Z G N C
```

Birds of Britain

These birds are frequently seen in the parks and gardens of Britain. How many can you find?

Barn Owl	Mallard
Blackbird	Red Kite
Blue Tit	Robin
Chaffinch	Sparrow
Cuckoo	Starling
Kestrel	Swallow
Kingfisher	Swan
Lapwing	Woodpigeon
Magpie	Wren

```
E S T H D R A L L A M W F
F X W N I R K E C L N L B
C U I A F U K Z V A I V K
W H P G L P V E D S O S H
B O A V I L F F J F V W I
D A O F Y P O G V V T A B
A D R D F P T W K P U N D
N S R N P I G N I W P A L
R V P I O I N O V N J R G
F Y B A B W G C O L E M G
O M U R R K L E H K Y R R
Q R E Z E R C K O E C E W
K C I P G H O A K N D U L
J E X I N G S W L K M T C
R I S P I R S I I B I R O
D P N T L V A T F T L R C
J G I M R Z E R E G M B Z
U A B A A E X U K O N N Z
K M O F T O L W S T R I F
K Q R S S B L E A A V I K
```

Speaking of Birds

Many common idioms contain references to the feathered ones among us. Find the bolded words.

Act as **crazy** as a **loon**.

Be as **free** as a **bird**.

Feel as **happy** as a **lark**.

Have an **albatross** around one's **neck**.

Keep an **eagle** eye out for.

Look as **skinny** as a **rail**.

Move as gracefully as a **swan**.

Strut as **proud** as a **peacock**.

Take to it like a **duck** to **water**.

```
M  S  E  G  L  B  E  V  N  H  U  N  D
V  K  T  I  I  M  Z  U  E  G  C  I  Z
P  Z  O  R  F  R  E  E  C  P  F  D  O
C  E  D  Z  U  P  E  E  K  A  N  S  K
J  A  A  L  F  T  I  X  O  B  W  M  L
F  Q  W  C  H  K  C  U  D  A  P  A  H
H  E  F  Y  O  G  R  Z  N  B  R  B  S
M  J  N  C  P  C  T  O  M  K  T  K  M
Z  T  F  G  G  P  K  P  Z  Z  I  H  E
S  V  U  Z  E  T  A  U  W  N  M  A  F
W  X  F  V  Z  V  H  H  N  J  L  F  S
K  R  E  I  W  J  O  Y  U  B  P  L  Y
F  L  A  A  U  L  V  M  A  A  N  M  I
C  C  O  B  G  Z  I  T  L  L  I  A  R
F  W  F  O  I  L  R  P  I  Y  J  C  B
A  E  A  J  N  O  E  X  Y  H  X  N  K
K  F  N  E  S  G  X  Z  F  F  C  S  J
O  J  F  S  Y  B  A  I  D  U  O  R  P
O  S  P  E  V  R  X  K  R  E  T  A  W
L  O  O  N  C  R  R  V  W  O  Q  B  V
```

Honk, Honk

Find these breeds of domestic geese.

African

American Buff

Canada

Chinese

Cotton Patch

Egyptian

Embden

Faroese

Landrace

Oland

Pilgrim

Pomeranian

Scania

Sebastopol

Shetland

Steinbacher

Toulouse

Tufted Roman

Twente

```
F  M  I  R  G  L  I  P  Y  F  Z  I  O
C  A  B  S  O  Y  N  B  O  A  L  R  Y
O  V  R  A  P  B  U  P  L  A  D  F  U
T  W  Z  O  M  G  K  Y  N  M  F  S  S
T  Z  Y  X  E  O  L  D  A  U  A  E  O
O  K  M  Q  L  S  R  D  B  D  B  L  F
N  Y  F  Z  J  A  E  N  A  A  A  O  A
P  H  H  Q  C  C  A  N  S  N  N  F  T
A  R  L  E  W  C  A  T  D  A  R  U  X
T  X  C  F  I  C  O  D  I  I  F  R  Z
C  C  C  R  Q  P  N  N  C  T  E  J  C
H  D  E  Y  O  A  A  A  E  H  T  H  N
N  M  B  L  L  R  N  D  C  O  I  V  T
A  A  F  T  E  N  R  A  U  N  Y  M  W
V  O  E  M  E  O  B  L  E  F  Y  H  E
C  H  O  D  M  N  O  S  N  X  P  P  N
S  P  B  A  I  U  E  W  G  Q  O  Y  T
A  M  N  E  S  N  A  I  T  P  Y  G  E
E  A  T  E  S  K  I  D  D  A  V  S  K
J  S  N  A  I  N  A  C  S  B  P  R  F
```

Daily Blessings

Find these words that might appear in your thankfulness journal.

Birds

Breath

Butterflies

Good thoughts

Happy times

Health

Kindness

Life

Meal

Memories

Music

Opportunity

Possessions

Prayer

Relationships

Skill

Strength

Talents

Work

K L J B D M P R X M P F M
W J S U S U D H T A E R B
K X T T K S F H T L A E H
V U N T I I D M E Y R H Y
U B E E L C U O G Q T V F
N A L R L M Q P W G Y T J
C M A F V W U M N T S W V
V E T L W S X E I E S B S
X M L I F E R N M N W S P
K O B E C T U I O P T F I
R R C S S T T I L H U K H
O I Q B R Y S A G O I M S
W E R O P S E U Y N S Z N
N S P P E M O X D D S E O
O P A S C H J N R C B R I
O H S O T F E I V E E K T
P O L D Q S B J W Y D L A
P C O A S L E I A E J C L
B O N N G U C R J F J H E
G X Z U N N P R E K L U R

Tropical Rainforests

Many varieties of butterflies and moths make tropical rainforests their home. Find these types.

Amazon Owl	**Longwing**
Anartia	**Menelaus**
Blue Morpho	**Oak leaf**
Glasswing	**Postman**
Haetera Piera	**Rhetus**
Hercules	**Sulphur**
Ladies	**Swallowtail**
Lasaia	**Ulysses**

```
F  L  I  J  P  I  L  A  S  A  I  A  H
X  U  O  R  L  N  R  U  S  P  H  E  D
J  O  E  N  V  O  B  Q  G  V  R  L  K
P  C  B  R  G  X  C  S  A  C  R  Q  J
F  U  M  L  M  W  D  G  U  M  Q  G  X
S  H  B  R  U  R  I  L  E  K  Z  L  E
S  W  C  A  K  E  E  N  S  Q  W  Q  Z
H  B  A  G  G  S  M  U  G  O  U  B  I
A  D  Z  L  F  N  A  O  N  X  W  Y  C
E  D  F  C  L  L  I  O  R  S  L  J  X
T  I  M  Y  E  O  Z  W  E  P  W  V  D
E  B  V  N  S  A  W  I  S  U  H  K  W
R  Y  E  D  M  G  D  T  Q  S  E  O  A
A  M  R  A  S  A  F  V  A  Z  A  N  F
P  T  U  I  L  E  S  A  P  I  A  L  M
I  Q  H  T  S  O  S  U  E  M  L  T  G
E  G  P  R  M  A  U  S  T  L  N  D  D
R  J  L  A  C  C  Z  S  Y  E  K  C  H
A  H  U  N  Z  D  O  N  W  L  H  A  T
E  C  S  A  V  P  K  P  F  S  U  R  O
```

Birds of Africa

There are more than 2,500 species of birds throughout Africa. Find the ones listed here.

Barbet	Lilac Roller
Bee-Eater	Marabou Stork
Buzzard	Ostrich
Cormorant	Oxpecker
Crowned Crane	Secretarybird
Fish Eagle	Shoebill
Guinea Fowl	Vulture
Hamerkop	Weaver
Hornbill	
Kori Bustard	

```
Q S G O S T R I C H B D L
B C X F H M F J G X L I D
B E R R E V A E W O D J I
E F I S H E A G L E D Y C
E M A D A D E R U T L U V
E C O R M O R A N T T J V
A V P D B P O K R E M A H
T D I L W O F A E N I U G
E R H U B I Q W E I Q K J
R I G P R P L W N T D R E
Y B X R E C P N A Z R O P
Y Y T E L S X R R Y A T J
U R E K L H P D C L T S B
G A B C O O K R D L S U V
M T R E R E A A E I U O S
B E A P C B K Z N B B B K
W R B X A I I Z W N I A S
T C I O L L T U O R R R E
L E C M I L V B R O O A V
Y S J E L T Y B C H K M H
```

Rare Birds

These birds are either nearly extinct or extraordinarily reclusive. Find the bolded words.

Antioquia **Brushfinch**

Asian Crested **Ibis**

Bahama Nuthatch

Blue-Eyed **Ground** Dove

Cebu **Flowerpecker**

Christmas Island Frigatebird

Forest **Owlet**

Great **Indian** Bustard

Hawaiian Crow

Honduran **Emerald** Hummingbird

Imperial Amazon Parrot

Kakapo Parrot

Madagascar **Pochard** Diving Duck

New Caledonian Owlet-**Nightjar**

Palila Finch-Billed Honeycreeper

Red-**Crowned** Crane

Scaly-Sided Merganser

Spix's **Macaw**

Stresemann's **Bristlefront**

O R F E I P O C H A R D V
B L M H C N I F H S U R B
V S A M T S I R H C S P I
Y T V Z H B E I S P K N L
M T N I H N P O R J D X M
L V L O O F A Z W I H R A
F N P O R P H I A L X X C
S R U J F F V N I M E U A
L T E V N I E L I A Y T W
W H L K M I A L S Y W E N
N P U K C I G P T I J A Y
W N C T R E Q H S S L Q H
S B X E Y O P S T C I Q N
J R P C P A D R C J I R K
G M I A M E A D E A A C B
I O K A N I L L N W L R T
Y A H W B T F W I U O Y I
K A O I X J R U Y L O L A
B R S M C P D V L E A R F
C E M E R A L D C M E P G

Inspired Blessings

What inspires you? Maybe many of these ideas!

Adventure	Moon
Artwork	Music
Book	Observation
Dance	Ocean
Discovery	Photo
Dream	Picture
Flowers	Poem
Friend	Song
Idea	Stars
Landscape	Thoughts

Q	A	F	D	I	S	C	O	V	E	R	Y	B
N	O	R	L	K	O	O	B	L	I	Q	W	P
J	O	H	T	O	X	Z	S	H	L	S	T	Z
Z	M	W	A	W	W	O	P	Q	O	Y	D	X
T	A	G	X	Z	O	E	D	N	E	I	R	F
E	H	Y	J	O	Y	R	R	M	I	G	W	T
Y	L	P	W	J	G	B	K	S	Y	D	B	F
B	U	N	O	I	T	A	V	R	E	S	B	O
M	C	P	I	E	C	P	T	S	R	A	T	S
A	U	P	H	F	M	A	E	R	D	S	W	K
N	L	S	R	O	E	T	E	R	S	Q	G	F
T	C	A	I	E	T	R	W	G	U	C	O	B
K	S	X	N	C	R	O	U	W	G	L	U	I
G	T	Y	N	D	C	U	L	T	F	N	D	Z
A	H	I	O	Z	S	K	T	M	C	E	O	P
A	G	E	O	C	J	C	R	N	A	I	Y	S
O	U	C	M	U	R	M	A	O	E	N	P	E
L	O	N	P	B	R	L	L	P	Q	V	Z	Q
S	H	A	E	I	O	Z	A	I	E	E	D	T
T	T	D	U	X	O	U	N	A	E	C	O	A

Birds of the Everglades

Find these birds – they make their home in Florida's Everglades.

Wood Stork

Spoonbill

Anhinga

Bald Eagle

Snail Kite

Woodpecker

Great Egret

Whistling Duck

Snow Goose

Cinnamon Teal

Gadwall

Mallard

Wigeon

Canvasback

Eider

Scaup

Bufflehead

Whippoorwill

Q D T T H Z L L A W D A G
S P O O N B I L L O R C Q
G L B W E T I K L I A N S
W H I P P O O R W I L L U
E T F Y K R O T S D O O W
W W O O D P E C K E R K B
R I Y N P Q Q O O R C U W
Z F G Y K R G G E A F L K
D S K E E H U I B F A C S
R C W X O W P S L E U N J
A A M E N N A E T D O T J
L U A E L V H N G W E J E
L P M U N E O N G R V W L
A H S A A M I O G N V B G
M A C D A L O E U E R M A
W M X N T S T G Y X U K E
X U N S E A Z X S D Y L D
N I I K E M L R E D I E L
C H J R A N H I N G A C A
W S G Q C W F I U N L S B

Birds of Prey

Raptors' foods include insects, rodents, small mammals, and carrion. Find these skillful hunters.

Barn Owl

Bat hawk

Baza

Besra

Caracara

Harpy Eagle

Honey Buzzard

Kestrel

Marsh Harrier

Osprey

Pearl Kite

Secretarybird

Shikra

Shrike

Vulture

```
H V W G D A R A C A R A C
R O W B A T H A W K P Q T
G N N D K G L D H E F C B
O S H E I D P G B S U E N
L H X X Y F Z S Y T S A L
S R P S H B I H E R J E M
Y I L J O U U L A E K A I
P K W W U S Z Z C L R J D
R E O V R B P J Z S F R K
A K N H L C I R H A I N H
F F R J E W E H E B R A E
D N A P W T A H Y Y R D X
S Y B I O R I R I P O J I
N K M D R B A K Y F Q H S
I E K I R T A E L L G Z A
B Y E U E R A L S R O A V
V R N R K G W F X G A D K
J A C I L O V A Z A B E L
U E H E Q X Z T T R U V P
S S N U C D E R U T L U V
```

Lake Waders

These birds don't mind getting their feet wet. Find these water-lovers.

Coot	Limpkin
Cormorant	Loon
Crane	Pelican
Egret	Rail
Flamingo	Sandpiper
Gallinule	Snipe
Godwit	Sora
Grebe	Spoonbill
Heron	
Ibis	Wood Stork

```
D X E B E R G O O S P K C
L Z G U O Z Z R U E Z O S
I Y R M C U D T L P R S J
M X F T A L P I O M A W F
P N R I Q N C M O N P Z W
K O K B S A M R D C T T E
I O E I N U A P S P I G C
N L D S T N I Z Z O R U X
G V N A T P X M G E Y O C
G H V L E X E G T N Y J B
H W E R Y Q S N I P E T C
Y U O R M C W E G O R L E
S N W O O L V I O N S L L
P X L O D N V G G O G I U
Q V T T Q S N K R Z J B N
D O V X I I T A I E G N I
U X C L M W T O N L L O L
V X J A T T D A R I S O L
P X L I N P R O A K G P A
B F Y Q O C C R G E J S G
```

Butterfly Vocabulary

Find these butterfly-related words.

Abdomen

Antennae

Coloration

Exoskeleton

Eyespot

Head

Hindwing

Host plant

Larvae

Legs

Lepidoptera

Membrane

Nectar

Pattern

Proboscis

Scales

Setae

Spiracle

Thorax

```
W P S N O I T A R O L O C
I L E P I D O P T E R A H
S C Q P D F U E A V R A L
K T N P E V X A R O H T R
O H E I E J S R C E T I S
E J C R B G O E A N V E W
I Y T Q E D Y N A W J U R
S U A P F E N L X V N I I
G J R U S E P Q H R K P X
N T U P T T Q I E D S Y K
O H O N S Z N T A I C K F
T T A O X D T E C I A Y P
E V H L W A H S H N L E E
L Y T I P C O G E P E L N
E O N F O B V M C H S C A
K G E D O E O B G W Q A R
S S C R A D A H I S I R B
O G P D B N E T Z B M I M
X E V A V L M I E I N P E
E L I G T M S B R S I S M
```

Feathered Proverbs

These proverbs look to the birds for inspiration. Find the bolded words.

A bird in the **hand** is **worth** two in the **bush**.

Birds of a feather **flock** together.

Don't **count** your **chickens** before they're **hatched**.

Don't **put** all your **eggs** in one **basket**.

The **early** bird **catches** the **worm**.

Unkind **words**, like **chickens**, come **home** to **roost**.

What's **good** for the **goose** is good for the **gander**.

```
E W X K Q R I G F Z U M W
U R C D V R Y C L C X A B
F W O H Y H L A O H S U C
B H O I Y F P T C C S T E
N A M R Z P B C K H O A P
V R S N T K Y H F V R H I
E O M K L H W E S L S Z U
C O Q R E Y O S Y Y B Y K
O S B C U T R A O S G G E
V T S K O W M C O U N T I
W G U T I L D Y C A U P Y
T T U P U E U H O M E Q E
V P I Z H S E N O C V C W
D Y G C L S N N I B L J S
E O T Y O E R E D N A G W
W A S O H G S L K G A K R
H R G D M D I N D C P B Y
Y L A O R D S U N M I A C
K N H O E I D O A N J H S
N K W G L O B X H I L Y C
```

Doves and Pigeons

Doves and pigeons are the same birds by different names belonging to the Columbidae family. Find these types.

Band-Tailed	Mountain
Crested	Mourning
Crowned	Ring-Necked
Eurasian	Rock
Fruit	Socorro
Ground	Spotted
Homing	Stock
Imperial	Tooth-Billed
Inca	Turtledove
Laughing	Zebra

```
D B W S S N A I S A R U E
I E J K B N I A T N U O M
N Y K L A I R E P M I F Z
C Y C L F B D T O E W E T
A A O Y U E C U D K B B K
W P T O T U R H W R A Q C
V C S S I N L G A N G D O
J W E L I P B H D X E G R
Q R B N U B B T B T E M T
C U G M S Q A M T V P D H
P M S U M I H O O Q E D L
E J J Z L G P D I L E A H
K R P E C S E V L K U O O
L A D Q G L D I C G G O M
H W M Q T E B E H R R Q I
Y P S R N H N I O R T D N
R Z U W T G N U O I M A G
X T O O N G N C U P H O D
Z R O I Z D O R F N V F P
C T R Y G S F U G I B J L
```

Birdwatching

Birdwatching can take you deep into nature, or no further than your own backyard. Find these birder-words.

Binoculars	**Range Map**
Birdsong	**Sighting**
Feeder	**Sound**
Field Guide	**Species**
Habitat	**Spot**
Hike	**Trail**
Identification	**Walk**
Listen	**Watch**
Plumage	**Water**

M	S	A	C	O	L	E	R	M	L	J	J	E
F	Z	H	N	S	S	O	R	S	I	G	C	K
A	I	A	R	P	G	N	I	T	H	G	I	S
C	K	E	X	O	Y	E	W	Q	M	U	I	R
W	M	K	L	T	D	O	E	A	T	Y	F	S
B	O	T	S	D	P	L	U	M	A	G	E	F
I	N	I	O	Q	G	Q	R	B	E	R	C	N
R	O	V	W	W	L	U	S	U	Z	K	L	T
D	I	Q	R	R	A	O	I	T	Z	K	I	H
S	T	M	Y	C	X	T	X	D	I	L	B	H
O	A	K	M	C	D	D	C	G	E	I	G	U
N	C	X	L	I	C	P	D	H	N	M	T	R
G	I	K	D	A	O	V	I	O	B	P	A	G
S	F	Y	H	M	W	O	C	M	T	N	H	V
E	I	P	S	B	S	U	R	A	G	N	H	S
I	T	T	K	O	L	R	T	E	E	C	R	E
C	N	D	U	A	E	I	M	T	D	G	C	I
E	E	N	R	T	B	A	S	E	U	E	S	R
P	D	S	A	A	P	I	K	C	Y	C	E	Y
S	I	W	H	V	L	N	L	I	A	R	T	F

Beautiful Butterflies

How would you describe a butterfly?
Find these ideas.

Bejeweled

Delicate

Elusive

Fanciful

Floating

Fragile

Gossamer-Winged

Happiness

Iridescent

Lustrous

Nectar-Loving

Opalescent

Patterned

Radiant

Shimmering

Spotted

Vibrant

```
P E J Q A A X C I I B Q L
A T Z Z S S E N I P P A H
M R A D I A N T P Z I K E
I G D G N I R E M M I H S
L O E A X U R M X S Y N F
C S L P Z X H N Q S K A F
Q S E E V I S U L E N L T
R A W Q B E Y J I C O O S
L M E P U Y J I I A P P G
D E J K Y W R F T A O W N
E R E C B X U I L T T O I
L W B L T L N E T N Z D V
I I S C U G S E E Z E S O
C N C C R C D C E N U T L
A G J O E A S L R O N U R
T E S N Z E I E R A U L A
E D T J D G T T R X V M T
D Q M I A T S B W Q L K C
H M R R A U I S J M X K E
W I F P L V Q E C U R S N
```

Location, Location, Location

Nesting sites range from the ground to the tops of trees, depending on the species of bird. See if you can spot them all.

Beach	Ground
Birdhouse	Leaves
Branch	Ledge
Burrow	Marsh
Cliff	Sand
Dike	Shrub
Fern	Thicket
Field	Tree Cavity
Gourd	Vegetation
Grass	Wetland
Gravel	

```
W  Q  B  S  C  E  I  U  F  R  U  I  O
W  B  O  Y  V  L  D  U  H  A  J  V  F
C  V  O  W  O  B  I  T  P  V  P  E  B
B  F  E  Z  E  T  A  F  Y  L  R  S  K
A  I  B  G  C  T  W  X  F  N  A  U  S
V  Q  R  V  E  U  L  J  P  N  T  H  I
G  I  S  D  N  T  Z  A  D  T  R  X  E
R  Y  E  Y  H  Z  A  H  N  U  F  V  D
A  A  V  T  U  O  D  T  B  D  G  L  Y
V  K  A  I  W  Q  U  I  I  C  H  K  U
E  B  E  V  Q  O  J  S  K  O  U  P  F
L  E  L  A  A  X  B  G  E  E  N  D  L
I  A  G  C  K  E  W  F  D  E  B  S  G
I  C  R  E  H  L  W  L  D  T  U  R  U
E  H  A  E  P  S  E  W  E  R  O  I  X
E  C  S  R  P  I  R  K  O  U  U  P  E
G  N  S  T  F  O  C  A  N  R  L  O  Z
D  A  F  Y  M  I  P  D  M  V  R  O  G
E  R  B  Y  H  M  T  I  O  T  H  U  F
L  B  W  T  C  H  K  G  Y  M  I  H  B
```

Builders' Supplies

Birds use a range of materials to build their nests. Find them all.

Cattail

Feather

Fur

Grass Clipping

Hair

Leaves

Lichen

Moss

Mud

Pebble

Pine Needle

Plant Fluff

Reed

Saliva

Spider Web

Stick

Straw

Twig

Vegetation

```
B J J H T L R X D E E R M
L R F N J E F Z V N J O S
G I Y Z G A N P X N S P Z
C R C M L V A A Q S I E N
P N A H Y E P J X D O U N
J I F S E S B E E M L H F
V F N R S N Y R L C Q C L
H E N E U C W I A B Y K W
V Y B G N E L T I R B V X
Z H Q C B E T I E O C E K
Z J W M T A E H P P E N P
Y G M H I W T D N P O R F
W S F L T A I L L I I T G
D F H A E V M G T E R N C
W A A F J R A A K I D R G
A V I Q X M T D U M Z B F
R I R K J E Q K E C Z U Q
T L V B G H K J T X R D S
S A A E P B K C I T S U N
Y S V F F U L F T N A L P
```

The Blessing of Being Happy

Bless yourself with happiness. Find these "happiness" words.

Appreciation

Bliss

Cherish

Contentment

Curiosity

Delicious

Enjoyment

Gratitude

Joy

Just Be

Little things

Love

Mindful

Quietude

Share

Simplicity

Small Treats

Smiles

Wonder

```
R  C  S  T  A  E  R  T  L  L  A  M  S
K  B  E  Y  T  I  C  I  L  P  M  I  S
N  W  D  E  B  T  S  U  J  M  X  K  L
W  L  U  M  O  C  P  E  X  T  M  I  U
A  B  T  E  R  A  H  S  N  A  T  N  Z
N  Z  E  U  R  P  H  E  P  T  J  S  A
Z  H  I  C  S  T  M  G  L  F  T  I  O
W  T  U  U  E  Y  O  E  A  E  J  Q  V
Z  O  Q  V  O  V  T  L  D  Y  S  N  L
N  K  N  J  H  H  V  U  H  U  O  T  O
R  A  N  D  I  H  T  S  O  I  N  G  V
M  E  I  N  E  I  I  I  T  E  Y  S  E
L  C  G  D  T  R  C  A  M  T  M  G  B
U  S  W  A  E  I  I  T  I  I  M  L  T
F  R  R  H  L  C  N  S  L  G  I  Z  I
D  G  C  E  E  E  O  E  E  S  G  M  E
N  G  D  R  T  I  S  Z  S  C  J  T  C
I  P  P  N  R  S  E  F  F  C  Y  E  A
M  P  O  U  Y  S  W  P  A  O  F  T  D
A  C  C  V  M  M  Z  E  J  I  Z  Z  V
```

Before...

"Bird" comes before these common words:

Bath	Like
Brain	Man
Call	Men
Dog	Nest
Farm	Seed
Feed	Shot
House	Song
Life	Watch

```
S  J  N  E  M  O  X  X  I  X  I  R  L
X  F  D  W  T  H  C  T  A  W  U  I  U
J  R  J  Q  S  A  S  P  E  O  K  E  P
A  Y  P  O  Z  N  J  G  C  E  M  F  N
K  H  W  W  T  S  E  N  J  I  E  E  K
M  S  A  O  K  J  I  F  Z  E  X  J  J
R  T  I  H  U  U  V  U  D  Z  J  S  F
U  Z  R  Z  M  S  F  D  H  K  P  J  F
R  B  Q  W  Q  S  F  A  X  G  S  A  P
Y  X  P  O  O  G  I  N  C  T  R  V  H
M  Z  C  I  E  W  I  A  S  M  X  Y  J
S  C  C  B  B  Z  G  M  H  X  Z  K  P
E  F  F  X  S  L  N  Z  O  Z  M  N  Y
E  V  U  C  G  I  C  I  T  E  W  A  S
D  R  J  A  A  I  H  E  E  O  M  O  Y
E  B  I  R  A  D  S  W  O  C  N  A  X
F  M  B  Z  H  U  H  S  R  G  R  I  F
I  X  G  R  O  G  M  T  C  B  A  P  S
L  O  A  H  K  N  U  C  A  L  L  S  V
D  Y  A  A  F  U  V  O  F  B  B  G  R
```

...and After

"Bird" comes after these common words:

Black	Red
Blue	Sea
Cat	Shore
Cow	Snow
Fire	Sun
Humming	Thunder
Lady	Water
Lyre	Whirly
Mocking	Yard
Rain	

```
V K O W T T N W C T A E S
P H K E M H L M Q A T A C
P G R W L T U Y W X T S S
H I S D N H O M R C N U R
F Q A I R U S S M E N J B
S H T E Q N P U X I M B B
G R T Y S D J O E P N L Z
S A J H M E O A Q V A G V
W N I V T R B K B C F F H
T F O K L N U M K I M S X
L L W W D U K Q E Y U W L
D Y Q H I Z J R G R O H U
T P L I I T W A H J O G R
T Q Y P U R G E C O W H U
L B F D N D L R U Y Y R S
I L A D Y J E Y N L M I S
K Y V C U C B R D I B X D
T P Y U Z I I X X T A X R
A H L G N I K C O M D R A
Z C A U R P O Q Q J Y B Y
```

Monarch Migration

Monarchs are the only butterflies known to make a two-way migration as birds do. Find these destinations for colonies of North America's monarchs.

California

Canada

Cedar Tree

Cypress

El Rosario Reserve

Eucalyptus

Florida

Iowa

Kansas

Mexico

Michoacan

Minnesota

Monterey Pine

Northeast

Oyamel forest

Pacific Coast

Peninsula

Texas

Virginia

```
G  P  V  T  E  E  R  T  R  A  D  E  C
M  P  L  S  P  C  A  N  A  D  A  R  S
I  M  P  A  I  N  R  O  F  I  L  A  C
C  I  V  L  N  Y  V  S  Y  J  O  B  O
H  N  P  M  G  R  A  E  O  G  X  V  M
O  N  A  X  A  X  P  V  P  W  C  H  I
A  E  F  V  E  P  E  R  A  H  E  O  F
C  S  K  T  V  L  N  E  C  C  W  D  L
A  O  E  X  T  S  I  S  I  A  B  G  O
N  T  N  A  S  H  N  E  F  A  D  Q  R
F  A  I  F  E  B  S  R  I  N  O  S  I
V  J  P  B  R  A  U  O  C  O  N  U  D
Q  O  Y  T  O  I  L  I  C  R  U  T  A
S  P  E  S  F  N  A  R  O  T  H  P  Q
S  H  R  O  L  I  Y  A  A  H  X  Y  S
E  M  E  C  E  G  V  S  S  E  V  L  A
R  G  T  I  M  R  Z  O  T  A  E  A  S
P  H  N  X  A  I  T  R  P  S  M  C  N
Y  F  O  E  Y  V  V  L  F  T  J  U  A
C  B  M  M  O  C  F  E  L  B  U  E  K
```

Act like a Bird

Find the bolded words in these common expressions.

Duck the **question**

Chicken out

Cook your **goose**

Eat **crow**

Get your **ducks** in a **row**

Fly the **coop**

Take someone **under** your **wing**

Feather your **nest**

Eat like a **bird**

Act as **silly** as a goose

```
S I L L Y K T Y R E D N U
G X Y U C N G T S Q N Q C
N F G N M A T V I G C R Q
I U G O B S W I S V O U R
W A C L O R T X G W E P F
X L H H T S E Y Z S P E R
H Y I M C T E T T P A O D
B Y C H T V W I O T W U W
S Y K A I P O I H I C D P
A D E Z O N D E E K K E D
J L N K P Z R T S E K I U
S G U P H T M I P A M F D
K W C W O P O S T N W J W
Z T B T X O S Z V U Q C G
T Y L H F S C S H D U T Q
J T E Y C F K O O C O K F
V X D T F T D K U X R L N
V B S M C K P T W Z Y M H
E E L A O V V D N D R I B
N Y S Z M U G A W R O S X
```

Audubon

John James Audubon (1785-1851) is best known for his detailed illustrations of the birds of North America. Find these words relevant to his life and work.

Audubon

Avifauna

Drawing

France

Habitat

Haiti

Identification

Illustration

Naturalist

New England

Observation

Ornithology

Painter

Portfolio

Prints

Record

Species

Study

Wildlife

```
M I S I T I A H X U S R K
R M M K G V U S T U D Y W
T B A D Z C Q T E Y G H G
S Q P W Z N P R Y N D Q J
I I A I E Y Z G I T S D P
L D I L K M M W Z E N O L
A E N D L J A G I A R P O
R N T L K R J C L T P R T
U T E I D H E G F R N N C
T I R F F P N O I I O N A
A F E E S E L N T I O V S
N I H P W I T H T I I N Z
H C Q E O S O A T F S N G
Q A N B E L R A A N Y M T
W T Y J O T V U O E D Y A
T I B G S R N B C Q R H T
M O Y U E A U N A T O B I
D N L S V D A D X O C Q B
T L B M U R C S I S E R A
I O O A F B O A A J R Y H
```

Owls of North America

While there are around 250 owl species in the world, nineteen species make their home in North America.
Find these varieties.

Barn	**Horned**
Barred	**Long-Eared**
Boreal	**Pygmy**
Burrowing	**Saw-Whet**
Elf	**Screech**
Flammulated	**Snowy**
Great Gray	**Spotted**
Hawk	**Whiskered**

Y D V L F D E T T O P S A
Q P U Z X D C W P V G K C
F L A M M U L A T E D L Q
J B U R R O W I N G J H C
O I L C O X U F K W A H T
B I F R B O F Q L W M P P
A Z Z X L Y K W H N E I Q
R P H N O R A I V M M E G
N O V H N L S T B K C R T
E W B H G K P J D P E N H
H O N F E W Q I F A U O S
K F S R A S W G T Q R Z O
M Z E I R A D G E N X W V
N D Q B E C R Z E H F T R
D D C W D A L D C Z E L S
U M W Q Y A R E E H T E E
W C I W E M E E W R O H S
L R O R P R G W T M R E V
E N O P C U A Y C V L A G
S B T S E S G A P Z J R B

Eat like a Bird

Wild birds feed at nature's table, as well as at the feeders of their human friends. Find these tasty nibbles.

Banana	Mosquito
Berries	Nectar
Cracked Corn	Nuts
Flower	Nyjer seed
Fruit	Orange
Grape	Seed
Grass	Suet
Grub	Sunflower
Millet	Worm

```
C S G Q Z F F O X R I Y N
N R U Y T S E E D R Z E E
X Y P X J I V E E W C P F
E K J U P N U W H T I L Q
M L Q E D C O R A V O D C
S C U G R L D R F W I R C
U R W X F S S L E P A R G
E F D N M N E R K C M T U
T B U K V O Q E K R Y O E
A S Z N J D K E D T T P U
N W C J K R D U K L E E A
A W S B C C F T E L L I M
N K T H O W X O J V T S B
A U U R N J T S E R A M R
B C N J H I E Y Z E G P N
R K W K U I X S G G M P G
O A A Q R D E N S R Q R T
F S S R P I A Y O A U J R
H O E D Z R R W X B R G C
M B M N O H C V N C V G H
```

Beautiful Blessings

What blesses you with beauty? Think about it as you find these possibilities.

Artwork	Hummingbird
Blossom	Meadow
Butterfly	Moon
Canyon	Nature
Dawn	River
Desert	Seashell
Evergreens	Starry Sky
Garden	Sunbeam
Hillside	Woods

```
A Z C L Z M A J U O J M R
H Z D R I B G N I M M U H
P B N S L E B D X J P C E
S U H U E N E D R A G V K
C T V U X A D Z U L E F H
A T A R O A S H S R H L B
N E Q R A Q S H G E Q I C
Y R N O R P A R E B Q M D
O F W V L Y E Q M L H J B
N L K B U E S F O L L L Z
I Y C C N D E K Q H O M E
A F D S C R E B Y S I A D
X N E K U V U S S N U E I
N I G T Y R K O E J F B S
D R A A N R M W N R B N L
A N T A O L P R O L T U L
W P P W I S S N E D H S I
N L T W O O D S O V A Y H
K R T M W B H U E O I E W
A S L L K B L P J Z M R M
```

Birds of Song

There are songbirds...and songs about birds! Find the bolded words.

Bird on a **Wire**

Bluebird of **Happiness**

Chicken **Dance**

Fly Like an **Eagle**

Great **Speckled** Bird

Grey Goose

I **Had** a **Rooster**

I Had a **Silly** Chicken

My Little **Chickadee**

Ostrich Walk

Rockin' Robin

The **Woodpecker** Song

This **Little** Bird

Three Little **Birds**

Yellow Bird

```
Z  T  E  M  S  F  I  N  E  C  N  A  D
U  E  C  M  H  P  H  C  I  R  T  S  O
M  A  K  J  E  L  E  T  O  L  X  G  C
C  O  E  K  P  B  Q  C  H  H  C  E  F
T  U  B  I  R  D  S  R  K  H  Q  L  G
K  H  G  W  G  U  U  C  I  L  I  R  Q
W  O  R  A  V  A  G  C  D  T  E  W  U
F  M  H  E  T  T  K  R  T  Y  H  D  Y
D  W  T  G  E  A  O  L  Q  S  V  E  M
R  E  D  S  D  O  E  B  Z  I  L  S  F
I  Z  E  E  S  Y  Z  M  X  L  G  R  F
B  P  E  T  I  E  D  N  O  W  E  A  O
E  S  E  E  M  S  N  W  I  K  Q  L  M
U  R  F  L  Z  Q  E  I  C  K  M  S  F
L  M  H  G  Y  B  N  E  P  M  C  L  F
B  Y  P  A  O  T  P  W  Y  P  Y  O  A
H  T  Z  E  W  D  R  Z  E  L  A  B  R
S  A  U  E  O  V  C  R  G  V  L  H  B
P  S  D  O  J  Q  I  K  C  I  P  I  G
I  J  W  L  L  W  K  K  N  Q  J  M  S
```

ID, Please

Look for these clues to identify
a bird species:

Bill	Perch
Color	Posture
Flight pattern	Round
Food	Shape
Habitat	Size
Large	
Medium	Small
Movement	Tail
Narrow	Wing

```
D H V R T Z T V T U C C M
R T S A H D P X N Q D E N
R U I I O Q J K E F D R S
O V D O Z T Y Z F I E Y M
M H F O W E Z Q U T U Q A
Y O A A C Y T M T I X R L
Z B V B K K E A M I M O L
H H A E I V P W S E B U R
C U H P M T M B O V K N E
I N F P H E A I G R G D B
P A E G U E N T K N R E B
U C I Q M Z R T J L I A Q
X L W P L A R G E S L W N
F O G N Y V E C X F H I B
T P I V U M U R E R E P B
I R V A P Q I D U R S R L
L E P A H S R M C T U C Z
I O S P E R C H G C S O U
A Z F E O P P O G H D O X
T S V C O L O R I T V T P
```

The Big Ones – Birds

Find these birds with wide wingspans (bolded words).

Amsterdam Albatross

Andean **Condor**

Antipodean Albatross

Bearded Vulture

California Condor

Cinereous Vulture

Dalmatian Pelican

Great White **Pelican**

Himalayan **Griffon** Vulture

Kori Bustard

Marabou Stork

Northern **Royal** Albatross

Nubian Vulture

Southern Royal **Albatross**

Trumpeter Swan

Wandering Albatross

```
W P E G N I R E D N A W A
P R O Y A L F C M Q T M G
H C M P F A Z Q W S S R G
H F I E K V J I A T E R N
S N F N X M E Y E A I R H
L A M X E V A R T F K O G
O I E M D R D R F M A D Z
Z T Y O S A E O A I A N S
I A X N M S N O N B O O Z
I M Z B S H O R U M O C U
S L R M J T O R B S N U U
S A R U H F J D T A D R O
S D M T I S E N E A E R P
F K V L B D R D D T B E Y
L I A P R E O G E N L L R
F C J A H P X P A I O W A
C J E T I X M I C S I P F
D B U T G U B A C R F O X
M O N E R U N V O C J Y M
S A B T N P P K O K G V K
```

The Big Ones – Butterflies and Moths

Find these butterflies and moths with wide wingspans (bolded words).

African Giant **Swallowtail**

Atlas Moth

Buru Opalescent Birdwing

Chimaera Birdwing

Giant **Leopard** Moth

Goliath Birdwing

Hercules Moth

Jamaican Swallowtail

Luna Moth

Magellan Birdwing

Miranda Birdwing

Queen Alexandra's **Birdwing**

Rippons Birdwing

Wallace's **Golden** Birdwing

White Witch **Moth**

```
T  B  K  D  O  S  E  L  U  C  R  E  H
Y  A  Z  Y  U  N  F  F  Q  J  O  A  C
M  R  K  D  L  A  A  U  A  X  I  H  J
I  A  X  V  X  U  E  C  U  K  I  M  R
V  M  G  K  W  E  N  N  I  M  R  I  V
R  O  W  E  N  A  A  A  A  A  P  R  V
L  T  E  H  L  C  V  E  L  P  M  U  P
G  H  F  G  I  L  R  W  O  Q  Y  A  I
G  D  A  R  B  A  A  N  H  B  E  U  J
A  O  F  T  T  P  S  N  E  I  L  C  R
Z  A  L  G  L  G  O  D  X  I  T  C  N
U  F  H  I  Q  A  R  L  A  W  Q  E  M
Z  W  G  Z  A  A  S  T  Q  O  P  H  A
Y  O  E  N  P  T  W  C  K  Q  F  A  T
A  X  O  O  I  O  H  N  I  L  D  G  Y
L  P  E  Q  L  W  P  W  E  N  P  F  C
P  L  M  L  M  U  D  C  A  D  Z  G  Q
J  N  A  T  R  Y  M  R  C  W  L  Z  W
G  W  X  U  S  V  I  K  I  N  O  O  U
S  Z  B  N  L  M  K  I  P  B  J  X  G
```

Itsy-Bitsy Birds, Butterflies, and Moths

These creatures are the littlest members of their families. Find the bolded words.

Banded **Hairstreak** Butterfly
Bee Hummingbird
Bordered **Patch** Butterfly
Bronze Copper Butterfly
Brown **House** Moth
Cabbage White Butterfly
Carolina Satyr Butterfly
Checkered White Butterfly
Clouded **Sulphur** Butterfly
Goldcrest Bird
Lesser **Goldfinch**
Maya Moth
Pigmy **Sorrel** Moth
Red Cheeked **Cordon** Bleu Bird
Spotted Pardalote
Verdin Bird
Weebill Bird
Western **Pygmy** Blue Butterfly
Willow Tit

T C G K M S E G A B B A C
C R F G A T W L Z I H A O
C H K K Y P J L D W F J V
S A Y P A T C H O X Q E R
P U R H J P I L N H R H B
P F D O L U L N O D R O C
N H T N L I L L I B E E W
I E A Z W I R N T H W M J
E Y C I V J N U H E N K G
E S R A R Y L A H U E O C
T Q P G I S C E E P L B C
N Z U O H T T A Z D L T O
O H M O T C Q R C N P U P
H P V L I T N R E B O Y S
O J H U O L E I R A G R S
U J E P E S E D F M K L B
S M G R T P L Y Y D P I G
E T R O M O M N U E L V M
N O H C I R X M C L A O H
S D C H E C K E R E D L G

They Would Rather Walk

These birds can fly, but they prefer to keep their feet on the ground. Look down to find them!

Bobwhite	Partridge
Burrowing Owl	Pheasant
Crested Lark	Prairie Chicken
Grey Francolin	
Guineafowl	Ptarmigan
Indian Courser	Quail
Kiwi	Roadrunner
Kori Bustard	Sage Grouse
Painted Snipe	Turkey

```
B A F K E G D I R T R A P
H P H K X H P V I W I K R
P A I N T E D S N I P E A
Z F P C T N A S A E H P I
G W B H W M I G U I K C R
G K R A L D E T S E R C I
R U E D V S A P G T C Z E
L F S U R R E Y E N K O C
K C U L T E P J N I V D H
K M O W G S F K A L D K I
L L R O U R P R G O R G C
O V G G I U X E I C A E K
E Y E N N O K N M N T J E
T E G I E C W N R A S I N
I K A W A N Q U A R U Q M
H R S O F A S R T F B L N
W U T R O I I D P Y I I O
B T N R W D I A C E R A A
O Z Q U L N B O E R O U G
B T S B F I M R J G K Q E
```

Birds of the Caribbean

Around 170 species of bird are endemic to the islands of the Caribbean. Find the ones in this list.

Antillean Siskin   Lizard Cuckoo

Bahama Woodstar   Orangequit

Caribbean Coot   Oriente Warbler

Cuban Pewee   Palmchat

Gray Trembler   Plain Pigeon

Grenada Dove   Streamertail

Imperial Parrot   Western Spindalis

Jamaican Owl   Zapata Rail

```
H N B L I A R A T A P A Z
H J A M A I C A N O W L X
T O O C N A E B B I R A C
B T W P H D C W X T C F G
G R E N A D A D O V E L R
X H S D I N V J N J G I A
R T T R S I N T C D P Z Y
A L E E T K O O J D E A T
T H R L R S E R E V M R R
S M N B E I G R E D C D E
D T S R A S I A W S V C M
O I P A M N P P E F N U B
O U I W E A N L P B T C L
W Q N E R E I A N O A K E
A E D T T L A I A V H O R
M G A N A L L R B B C O Z
A N L E I I P E U O M C K
H A I I L T F P C P L C T
A R S R H N V M R A A Y R
B O P O M A N I Z M P C R
```

Purple Martins

Many birders erect "condos" to attract nesting Martins. Find these words associated with the aerial acrobats.

Acrobatic	Migrating
Agile	Nest box
Air forager	Purple
Colonial	Sail
Dark belly	Social
Glide	Songbird
Graceful	Swallow tail
Insectivorous	Swoop
Iridescent	Territorial

```
N L O C H E D I L G Q E I
E D A R K B E L L Y T N K
T Z W A G K P W C H S X J
I W A S R A P O J E R J G
S K T I X U L H C J F U S
O N M Y R O A T K T I O X
T Z O P N F I G N N N J H
L U L I R V O E Q G F Z A
K E A A O N C R B I I V A
O L L R I S E I A B I C I
S X O I E R R S S G R F M
M U D D A D O A T O E I O
S F I L M T I T B B G R S
V R R U F L W A I R O Z J
I V R F R N T O A R E X S
I E L E V I W T L L R W C
B E I C C V I V I L O E A
I R T A E N R G R O A J T
X P H R G X A U P F M W C
W W D G P L A I C O S Z S
```

Breeds of Geese

Honk if you find one!

African	Graylag
American Buff	Kelp
Anser	Magellan
Barnacle	Magpie
Bean	Pilgrim
Canada	Pink Footed
Cackling	Snow
Embden	
Emperor	Spur-winged

```
D M Z M M O M G W Q V D U
X K A G C A Y R M C E C G
A N V G K A G P L E K R E
Q M C E P N C E H T A V B
O D E S N I V K L Y K L E
G E D R K I E Y L L D C A
O T C Q I L D A U I A K N
D O F B W C G A M W N N R
B O S C O M A N D F X G R
P F M P Y M A N C A T N R
I K S U U C U R B D N W W
L N G V I R O H D U N A Y
G I E R Y R W B Y E F I C
R P F L E H S I D N O F A
I A M P C S X B N H X T N
M I M R K A M W R G Y O H
M E C S I E N W S E E B G
F U H V G U O R I J S D K
Z R A F A N B H A R S N E
L D T H S L E I Q B G U A
```

Adventurous Blessings

Adventures happen when you look for them – start by finding these words!

Act	Ponder
Ask	Read
Chance It	Risk
Create	Search
Experiment	See
Explore	Stroll
Imagine	Taste
Inquire	Travel
Journey	Trust
Observe	Wonder
Play	

```
C G E V R E S B O Z R V W
E X P E R I M E N T E J Q
T S G U N T I E C N A H C
R P I T P O N D E R D P I
A L Z M W O N D E R V V N
V F K A A E E U G Z H G Q
E J S H B G Q V H X V C U
L J M O Z T I Q D P C R I
A H C R A E S N L N F Z R
R C B P E M C A E F D I E
O K T E D A Y D F B D Z H
O L S S V L B E T A E R C
H H L O T O X C N R M Q U
I K X S R E E E F R H C E
Y L J T W I V R H W U I M
E L D E X X S T O B C O N
B O J T Z Q S K F L F K J
P R D S R U P Y X W P L J
N T K A R O Z K S A B X Y
L S J T C F J C S Y V E E
```

Silk Spinners

Silkworms bred for their silk thread has been practiced for thousands of years. Find these species.

Atlas	Imperial
Bombyx	Japanese
Buck	Luna
Calleta	Promethean
Cecropia	Regal
Chinese Oak	Rosy Maple
Comet	Sheep
Domestic	Syssphinx
Glover's	Tricolor

```
L O R S T F Q T B O J I J
R T C E Y G F S Y V U L P
A N R E G S P V G Y B F P
S A I I C A S O E Z N K X
H E Q C C R L P I S F V J
E H V B O O O S H X I O Q
E T R C I M L P O I G D C
P E O A Z B E O I D N A X
T M S R O A S T R A L X P
M O Y F E E M A I L H P S
E R M F T L T T E X K Y B
Z P A Y H L A T B A F O B
X H P C A E A I O W M W U
S C L S I N S E R B D Q Y
R C E F M T S E Y E M B L
E E Z Y A E S X N V P C A
V A Q P N A B E K A C M J
O N N I B H M F M C P H I
L O H U F W G B E O U A H
G C Z S L N L S O U D B J
```

Bird Basics

These words name the different parts of birds – see if you can find them all.

Back	Flank
Belly	Forehead
Bill	Leg
Breast	Mandible
Cap	Nape
Cheek	Rump
Chin	Stripe
Crest	Throat
Crown	Undertail
Eye	Wing

```
B F C K N A L F K N V G I
R I C V N C Q E Y E I X P
W E L T W C H P Y L L E B
P Y G L I R D E K N B Y H
B H I N F D N B E W I E T
J A T A T I Y T X K P H U
G Q C P O Y H L S I E N C
M S M K Y J J L R A D R A
E U N O K R B T D E E P F
R A S F J N S J R A V R C
N W I N G J A T E J N A B
X T Q D A L A R K N P B Q
C M A N D I B L E D I R T
L D O Y L Z P N A M X W H
E U G D N K I E R P S P R
G Z R A Y N H T X K W N O
E E O F W E P Q A P T R A
P D W O R H J K Y P F R T
A V R O J E N X Q L I B V
N C F P G T S E R C W K T
```

Birds of Distinction

These birds possess unique characteristics. Find the bolded words.

Only hummingbirds can fly **backward**, forward, and **upside** down.

Hummingbirds and **kestrels** can **hover** in the **air**.

Only **nuthatches** can go head-first **down** a tree **trunk**.

Loons and **grebes** do not have the **ability** to **walk** easily.

Nocturnal kiwis are **known** to find **food** guided by **smell**.

```
S  W  A  L  K  W  Y  H  F  F  I  S  X
N  X  F  U  J  S  N  O  O  L  R  J  E
G  R  E  B  E  S  N  K  Q  A  O  U  F
O  L  O  Y  A  B  I  L  I  T  Y  K  X
M  Q  O  L  A  N  R  U  T  C  O  N  C
D  N  Q  O  I  F  M  D  O  Y  V  Q  K
R  U  U  Q  Y  Y  A  Q  T  Y  L  N  K
A  J  W  T  J  Y  N  T  R  P  O  N  U
W  S  F  G  H  Z  O  V  B  W  A  B  O
K  H  D  R  Z  A  W  P  N  M  B  E  Z
C  A  F  R  N  F  T  E  D  I  S  P  U
A  Q  P  D  I  X  M  C  P  A  X  A  V
B  Y  J  O  S  B  F  A  H  V  P  W  T
M  O  U  O  T  L  G  D  Q  E  T  R  Q
Z  O  H  F  H  Z  E  N  Y  Z  S  V  F
K  L  W  P  P  O  K  R  I  A  L  I  F
P  L  W  N  D  R  V  N  T  M  S  S  T
D  E  B  H  N  R  K  E  U  S  M  M  C
E  M  K  M  R  A  I  W  R  R  E  U  Y
C  S  D  O  W  N  J  A  V  L  T  K  H
```

Lovebirds

Find these birds that are lifelong lovers.

Albatross   Lovebird

Atlantic Puffin   Macaroni Penguin

Bald Eagle   Monk Parakeet

Barn Owl   Osprey

Black Vulture   Pigeon

Bluejay   Sandhill Crane

California Condor   Scarlet Macaw

Goose   Swan

```
F  T  E  E  K  A  R  A  P  K  N  O  M
A  Y  W  Y  M  I  L  Q  U  O  R  L  V
K  Y  Q  T  N  O  E  G  I  P  K  O  Y
M  T  S  R  Q  B  X  Z  B  Z  U  Z  T
A  Q  R  P  W  L  H  X  L  F  Z  Q  J
C  B  O  O  X  A  J  I  O  G  F  I  C
A  L  D  N  D  C  N  S  V  O  S  N  B
R  U  N  Q  A  K  I  N  E  O  B  Y  E
O  E  O  S  L  V  F  B  B  S  N  W  N
N  J  C  B  B  U  F  B  I  E  D  A  A
I  A  A  C  A  L  U  H  R  L  I  C  R
P  Y  I  C  T  T  P  U  D  G  I  A  C
E  L  N  Y  R  U  C  O  R  A  O  M  L
N  W  R  S  O  R  I  S  I  E  F  T  L
G  O  O  W  S  E  T  P  V  D  G  E  I
U  N  F  A  S  F  N  R  Z  L  I  L  H
I  R  I  N  Z  H  A  E  K  A  C  R  D
N  A  L  Q  Q  M  L  Y  E  B  I  A  N
W  B  A  B  K  I  T  X  B  G  Q  C  A
L  J  C  C  B  F  A  Z  E  X  W  S  S
```

Front Row

These birds get top scores in their category! Find the names of the birds in each group.

- Heavyweights

  Ostrich

  Cassowary

  Emu

- Long Distance Flyers

  Arctic Tern

  Blackpoll Warbler

  Sooty Shearwater

- High Flyers

  Bar Headed Goose

  Whooper Swan

  Alpine Chough

- Big Talkers

  Hill Mynah

  Parrot

  Parakeet

- Loud Mouths

  Bellbird

  Cockatoo

  Sun Conure

- Smarties

  Kea

  Raven

  Jay

```
H B N A W S R E P O O H W
N L N A T T H C I R T S O
E A I S C G Y X Z Y B V B
V C U N U B S A E N Q V P
A K B Y I V O A J B I B L
R P A U X D O L P G M Y A
K O R M V L T P V L S Y R
J L H E A L Y I W Y S M C
R L E O Y P S N V D U D T
H W A O R A H E N Q N R I
A A D T A R E C K U C I C
N R E A W R A H G Y O B T
Y B D K O O R O T A N L E
M L G C S T W U E C U L R
L E O O S O A G E R R E N
L R O C A I T H K N E B D
I B S A C T E V A U J G G
H S E E N A R M R Y H A Q
X F D Z Q F X W A T E G M
Y S U W I E N M P K R P R
```

Blessings of Friendship

Friends bless life with caring and companionship, and more. Find these "friendly" words!

Be a Friend	**Listen**
Cherish	**Pray**
Embrace	**Reach Out**
Hear	**Remember**
Hold	**Share**
Important	**Speak**
Invite	**Treasure**
Laugh	**Value**
Lifelong	**Welcome**

```
L  A  F  B  R  G  N  O  L  E  F  I  L
A  E  X  W  K  E  K  F  S  J  N  D  I
U  V  I  Q  E  T  A  H  C  N  K  Q  S
G  G  O  M  M  L  A  C  R  P  N  U  T
H  B  H  D  P  R  C  K  H  B  A  N  E
R  V  E  D  E  O  N  O  P  O  R  F  N
I  I  E  A  M  B  R  H  M  A  U  X  G
K  Q  O  S  F  I  D  T  E  E  U  T  X
D  T  Y  A  K  R  F  H  A  V  X  H  Z
C  A  A  A  C  D  I  I  T  N  A  O  G
N  F  E  Y  R  E  Y  E  T  G  T  D  R
S  P  T  R  T  A  C  R  N  D  C  E  J
S  J  K  A  R  E  E  J  T  D  M  N  G
X  P  I  P  O  A  E  H  R  E  T  O  D
U  W  A  C  S  E  S  C  M  E  T  L  U
E  G  G  U  P  I  T  B  A  G  B  W  Z
U  O  R  N  R  R  E  I  D  R  X  D  H
L  E  K  E  V  R  W  L  V  D  B  B  R
A  V  H  C  F  B  O  E  X  N  B  M  P
V  C  G  S  E  H  B  Z  B  G  I  T  E
```

Birds of Canada

These birds call Canada their home.
Find them here:

American Robin	Hairy Woodpecker
Baltimore Oriole	House Finch
Bluejay	Mourning Dove
Bluebird	Nuthatch
Cardinal	Rock Pigeon
Chickadee	Song Sparrow
Cowbird	Starling
Goldfinch	Woodpecker
Grackle	Wren

```
S  B  G  N  I  L  R  A  T  S  S  W  H
L  R  W  P  L  U  Z  V  I  O  I  O  M
C  K  O  E  G  M  E  J  Y  M  H  O  M
N  E  R  D  O  J  V  J  B  J  A  D  I
Y  E  R  V  L  A  O  B  A  U  I  P  S
J  V  A  X  D  G  D  L  L  S  R  E  Z
J  I  P  J  F  T  G  U  T  S  Y  C  H
N  Q  S  T  I  H  N  E  I  D  W  K  C
I  B  G  U  N  O  I  J  M  R  O  E  H
B  V  N  E  C  U  N  A  O  I  O  R  I
O  N  O  O  H  S  R  Y  R  B  D  U  C
R  O  S  U  T  E  U  H  E  E  P  P  K
N  E  Z  L  L  F  O  C  O  U  E  H  A
A  G  F  A  D  I  M  J  R  L  C  Y  D
C  I  I  N  R  N  Q  F  I  B  K  N  E
I  P  K  I  I  C  S  R  O  A  E  E  E
R  K  Q  D  B  H  J  W  L  B  R  R  X
E  C  A  R  W  D  S  J  E  S  V  W  U
M  O  F  A  O  H  C  T  A  H  T  U  N
A  R  Z  C  C  K  E  L  K  C  A  R  G
```

Butterflies of the Americas

These little flutterers make their home in North or South America – spot them all.

Aguna

Aphrissa

Buckeye

Cattleheart

Eighty-Eight

Gulf Fritillary

Harvester

Leafwing

Metalmark

Monarch

Morpho

Orange Sulphur

Owl

Red Admiral

Silverspot

Sisters

Swallowtail

Viceroy

Wood Nymph

```
I  A  G  B  U  L  V  X  V  G  P  P  Q
S  L  C  H  S  V  S  C  W  M  V  E  D
I  C  W  D  Y  R  M  J  F  O  R  L  D
L  V  J  O  E  G  O  K  Y  R  E  T  Q
V  C  K  T  Y  U  N  J  G  P  T  R  X
E  C  S  M  O  L  A  D  N  H  S  A  L
R  I  O  E  R  F  R  S  I  O  E  E  A
S  T  L  T  E  F  C  W  W  R  V  H  R
P  O  W  A  C  R  H  A  F  U  R  E  I
O  K  X  L  I  I  T  L  A  H  A  L  M
T  Y  A  M  V  T  H  L  E  P  H  T  D
H  X  P  A  E  I  G  O  L  L  K  T  A
P  Z  H  R  F  L  I  W  S  U  E  A  D
M  A  R  K  E  L  E  T  S  S  P  C  E
Y  N  I  E  Y  A  Y  A  X  E  L  B  R
N  U  S  Q  E  R  T  I  C  G  C  J  F
D  G  S  Q  K  Y  H  L  F  N  L  R  C
O  A  A  T  C  N  G  U  T  A  V  J  Y
O  S  O  R  U  Q  I  B  X  R  C  Z  J
W  D  X  D  B  R  E  C  K  O  B  O  O
```

Avian Architects

Birds build a variety of nest types and styles. Find these kinds:

Aquatic	**Ground**
Basket	**Hanging**
Burrow	**Hole**
Chambered	**Mount**
Cup	**Mud**
Domed	**Pendulous**
Edible	**Platform**
Enclosed	**Tower**
Floating	**Water**

```
Y H Q E D E R E B M A H C
N S A R V M R O F T A L P
G Q D N H K D R Z S F S F
X B V O G E T D N U O R G
F T S O M I D J M X V Y V
X P U Q F E N X Q U H U J
U B L P T Y D G B B D B F
N N S D E S O L C N E L H
K V C W A T E R N D O P O
B G G N X N O U C A N F Y
T E D I B L E X T Y S Y G
T Q E Z S V H I L Y U Z S
A U W O N U N N R E W O T
J Z Q Z B G O K I E X C U
W T E H P A F L F K I H D
O E H T U U V E U T T I W
R K O N P Z C E A D D J X
R S L U O S Q U V A N Z N
U A E O I B Q T Q Q F E S
B B L M M A M B Z T B F P
```

Desert Birds

These birds prefer the world's desert regions – find them all.

Babbler

Cactus Wren

Courser

Desert Lark

Elf Owl

Gila Woodpecker

Gilded Flicker

Gnatcatcher

Nighthawk

Oriole

Pygmy Owl

Quail

Roadrunner

Saker Falcon

Sandgrouse

Thrasher

Towhee

Verdin

Wheatear

```
L O Q L B R I N I D R E V
F L J G D L W O Y M G Y P
D P T H R A S H E R Q U W
U B S B M R Y E L O I R O
R E K C I L F D E D L I G
C A C T U S W R E N S W G
W T P Q U A I L A J J T I
R O A D R U N N E R G Z L
R X C U L S F H T R V M A
G N A T C A T C H E R R W
N O J V O N F R P K Q A O
I C Z V U D J E M R A E O
G L V M R G F L U A I T D
H A L U S R G B Z L G A P
T F R L E O B B E T H E E
H R O W R U B A E R V H C
A E Z O R S X B H E Q W K
W K X F W E K S W S R N E
K A N L R W Y Z O E J Q R
R S R E E Z W W T D F W J
```

What's In a Name – Butterflies

Find these fluttering friends with names to make you smile.

American Snout

Beautiful Beamer

Brimstone

Comma

Confused

Cloudywing
Cryptic Wood

Frosted Flasher

Glad-Eye

Goatweed

Mediocre Skipper

Painted Lady

Question Mark

Sleepy Orange

Southern Dogface

Wall

Whirlabout

```
A  A  S  B  L  G  L  A  D  E  Y  E  K
E  K  R  A  M  N  O  I  T  S  E  U  Q
O  D  P  N  I  L  U  D  N  F  G  K  G
E  O  N  A  R  V  J  D  C  O  N  M  M
X  O  E  A  R  D  J  O  U  T  I  B  O
F  W  E  C  E  V  M  G  S  N  W  I  R
R  C  C  F  M  M  W  R  J  O  Y  U  E
O  I  A  C  A  H  T  C  B  D  B  P
S  T  F  E  E  A  I  U  E  E  U  V  P
T  P  G  X  B  V  R  O  Y  G  O  C  I
E  Y  O  E  L  Y  L  N  D  N  L  Z  K
D  R  D  E  U  U  A  S  A  A  C  H  S
F  C  N  N  F  J  B  N  L  R  D  D  E
L  K  R  O  I  V  O  A  D  O  E  E  R
A  X  E  T  T  J  U  C  E  Y  S  E  C
S  A  H  S  U  Y  T  I  T  P  U  W  O
H  D  T  M  A  L  U  R  N  E  F  T  I
E  B  U  I  E  L  Q  E  I  E  N  A  D
R  V  O  R  B  A  U  M  A  L  O  O  E
C  I  S  B  P  W  U  A  P  S  C  G  M
```

Blessings of Harmony

Harmony with nature promotes good stewardship of all creation. Find all the words.

Appreciation

Calm

Energy

Growth

Harmony

Light

Oneness

Peace

Protection

Repose

Sanctuary

Serenity

Simplicity

Stillness

Thoughtfulness

Tranquility

Truth

Understanding

Unity

```
Z  D  F  Y  N  O  M  R  A  H  G  R  P
D  S  Q  K  I  Y  G  R  E  N  E  R  T
S  A  Y  T  I  N  E  R  E  S  O  R  U
S  N  D  Z  R  V  Q  B  G  T  A  N  S
P  C  Y  V  I  W  Z  R  E  N  D  N  V
C  T  T  F  E  U  O  C  Q  E  N  T  K
R  U  I  O  J  W  T  U  R  R  S  I  W
Z  A  N  K  T  I  I  S  L  Y  S  A  A
V  R  U  H  O  L  T  F  K  V  E  P  B
N  Y  I  N  I  A  N  B  Z  I  N  P  U
A  S  P  T  N  G  L  Y  S  R  L  R  V
J  I  Y  D  P  I  H  T  S  E  U  E  M
X  I  I  T  G  K  T  I  E  P  F  C  B
M  N  Z  H  L  S  S  C  N  O  T  I  S
G  X  T  H  V  S  R  I  L  S  H  A  S
C  H  G  G  E  P  E  L  L  E  G  T  H
A  E  Q  N  Z  O  X  P  I  F  U  I  T
L  P  E  A  C  E  E  M  T  T  O  O  U
M  N  Z  E  D  A  G  I  S  S  H  N  R
O  V  Q  T  G  Y  D  S  X  R  T  D  T
```

Birds of Hawaii

These birds call the Hawaiian Islands home – see how many you can find.

Amakihi	**Myna**
Booby	**Nene palila**
Coot	**Petrel**
Creeper	**Pueo**
Duck	**Shearwater**
Elepaio	**Tern**
Golden Plover	**Tropicbird**
Heron	**Wild Parrot**
Honeycreeper	**Zebra Dove**

```
X V J C A Y D A N O R E H
U Z D A L I L A P E N E N
W Y L X E W J N S O E U P
G C O O T G R E P E E R C
G O L D E N P L O V E R W
R X K E B U J I E W B I Z
E N T K L Z V Q X R L K T
T W L C P E X S B D T R G
A R D S W L P N P A O E S
W H E B Q W M A I P Y J P
R P P P Q S R Y I L E N A
A R E D E R Z C N O P S C
E W I V O E B F N A E R S
H Z H T O I R R V E W B H
S H I G R D E C S B X Q X
Y R K D D T A C Y J V V F
B M A B D B K R N E I U I
O W M K G C H J B L N Q B
O O A Z U S Q T A E P O Q
B K E D D W I R D Z Z H
```

Fabulous Plumes

Find these birds that sport amazing crests (bolded words).

Bird of **Paradise**

Cassowary

Crested **Partridge**

Crowned Crane

Curassow

Great **Hornbill**

Guinea **Turaco**

Hoopoe

King of **Saxony**

Himalayan **Monal**

Ornate Hawk Eagle

Polish Crested Chicken

Parotia

Royal Flycatcher

Secretarybird

Sulphur **Cockatoo**

Wire-crested **Thorntail** Hummingbird

Victoria Crowned Pigeon

Whiskered **Bulbul**

```
I  G  A  J  O  W  H  E  T  A  N  R  O
S  E  C  R  E  T  A  R  Y  B  I  R  D
P  N  C  I  A  I  R  O  T  C  I  V  X
E  A  L  S  C  E  O  Y  D  G  S  E  F
R  Q  O  U  P  E  C  R  D  M  A  I  N
H  O  R  N  B  I  L  L  E  H  X  K  M
Z  P  G  D  F  L  I  D  E  D  O  O  M
N  D  X  P  Q  W  U  O  M  P  N  J  Q
P  C  T  S  X  O  O  B  R  A  Y  N  S
A  P  H  H  F  J  O  S  L  O  U  A  J
R  B  A  O  O  S  R  T  S  J  C  K  D
T  Y  C  R  O  R  C  O  A  A  B  S  T
R  R  W  O  A  P  N  B  Y  K  R  P  J
I  A  P  C  K  D  O  T  C  A  C  U  U
D  W  H  A  T  E  I  E  A  J  L  O  C
G  O  S  R  M  N  Z  S  C  I  S  M  C
E  S  I  U  H  W  G  X  E  T  L  D  H
G  S  L  T  A  O  U  E  I  Q  Q  J  F
K  A  O  Q  I  R  A  I  T  O  R  A  P
Z  C  P  G  A  C  T  J  E  Y  C  S  Q
```

Birds on Stilts

Find these long-legged birds.

Avocet

Bittern

Crane

Curlew

Dowitcher

Egret

Flamingo

Gallinule

Godwit

Heron

Ibis

Jabiru

Jacana

Limpkin

Sandpiper

Shank

Spoonbill

Stilt

Stork

Wood Rail

Yellowlegs

```
T U L G Q A N R E T T I B
Y B I T O M K V I I S Y G
M D B U L D U N C B L E D
G F O L W I W Y A Z I M O
F M H W X O T I M H R S Y
P V I E I E O S T C S E N
L S Z I R T C D R U L Z B
U T O M Q O C A R L N I P
D O G X F W N H O A R P C
F R N J M E E W E G I M Y
E K I H M H L L N R G L G
B K M Y L E A F R R E A N
K R A F G L N A E U L V A
F Q L S J I I P Z L C V W
Z Z F A K A I B I N O M B
U L Y P N P B N N C A T D
N I M Y D A U I E O E N A
D I G N I L C T R R O P Y
L L A X E K W A G U A P P
S S S I X G J E J T D K S
```

Gems in Flight

There are over 300 hummingbird species, all native to North, Central, and South America. Find these kinds.

Brilliant	Jewel-Front
Calliope	Mango
Carib	Mountain Gem
Comet	Ruby
Coquette	Sapphire Wing
Coronet	Sunangel
Emerald	Sylph
Fairy	Topaz
Fire Crown	Violetear
Golden Throat	Woodstar

```
I  R  A  E  T  E  L  O  I  V  I  I  E
L  K  M  E  G  T  L  H  O  G  N  A  M
F  G  R  E  M  R  T  E  N  O  R  O  C
P  H  N  O  G  Y  R  I  A  F  I  P  C
V  R  M  I  W  N  D  M  O  N  Q  I  A
O  B  X  W  W  O  I  L  R  E  M  H  L
J  G  R  Z  J  E  O  A  A  U  H  D  L
T  E  L  I  Z  W  R  D  T  R  L  H  I
A  F  W  Z  L  Y  L  I  S  N  E  X  O
O  I  J  E  C  L  B  I  H  T  U  M  P
R  R  R  C  L  O  I  U  H  P  A  O  E
H  E  J  C  N  F  Q  A  R  P  P  R  M
T  C  A  S  A  L  R  U  N  P  L  A  V
N  R  G  F  X  R  E  O  E  T  W  Y  S
E  O  N  E  E  Y  I  G  N  T  E  W  S
D  W  D  M  O  J  B  B  N  T  T  H  J
L  N  Y  T  O  P  A  Z  J  A  B  E  I
O  P  S  H  K  D  S  T  S  Z  N  B  T
G  L  V  A  I  A  U  A  A  C  M  U  P
W  C  O  M  E  T  X  O  Y  Y  O  Y  S
```

All about Roadrunners

Have fun with these roadrunner facts.
Find the bolded words.

Roadrunners are members of the **cuckoo** family.

Although they can **fly**, they prefer to **walk** or run, and can reach **speeds** of 15 miles per hour.

They make their **home** in the deserts, **canyons**, and open **fields** of the **southern** US and Central America.

Females build **nests** in low **vegetation** using twigs **formed** into a **shallow** basket. Both parents **incubate** the **eggs**.

Because their **feet** have two **toes** facing **front** and two facing **back**, they **leave** X-shaped **footprints** in the **sand**.

```
F I V H T W M W N T X S F
N O N E A S Y J A O I Y X
Y E R F G R P Y T L B Y D
E R S M E E S E R D K Q W
O H O T E E T Z E Q N B G
W G K A S D T A L D A A S
D N I P D W I E T C S M S
O X K N A R A Q K I S Y F
H Q B D C V U I J T O T I
O O P R E U A N N V O N C
I R M G B Z B I N Y U Z R
C S V E L Y R A W E R G V
A E E X A P U K T E R W N
N O U L T Q H W G E O S R
Y T S O A G Y G Z L G O E
O T O D T M S Z L M O D H
N F N S L E E A B K E H T
S M L O U E H F C Y P V U
S W A X R S I U L N J R O
F U I K W F C F L Y U M S
```

Spread-Winged Skippers

These members of the spread-winged butterfly family are found in most places throughout the world.

Aguna	Long-Tailed
Arizona	Mangrove
Bold Mylon	Mercurial
Bolla	Mottled
Creon	Silverdrop
Flasher	Skipper
Flat	Sootywing
Guava	Yucatan
Hoary Edge	Zestos

```
A I N O E R C Q L B D B F
D A V A U G I C J E A A H
L S I F B A S W I T N D O
O G K S X O G M J O F W F
N T Y I M G Y U L N M H H
G I M N P W X Y N A P O J
T B I O S P M S N A A X S
A T O I T D E G Y R O J O
I O A L L T R R Y U T R O
L X Y O L O L E U H U A T
E Z B Q V A D E Z B L P Y
D P A E L G U X D N O S W
L I R D E A T C Z R O D I
R N T D N A I H D G E U N
E A O G I A N R S B P I G
H T W M G C E O U T A L F
S A R N W V T R Z C U U Q
A C I C L S Y Q F I R C V
L U S I E E V Q A U R E E
F Y S Z O N R V M N O A M
```

Solutions

PAGE 6/7

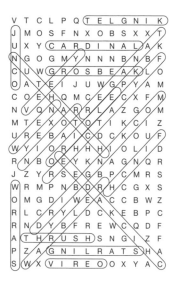

PAGE 8/9

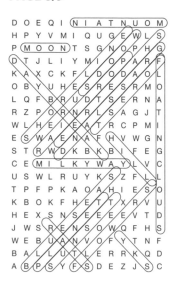

PAGE 10/11

PAGE 12/13

PAGE 14/15

PAGE 16/17

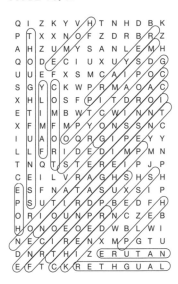

PAGE 18/19

PAGE 20/21

PAGE 22/23

PAGE 24/25

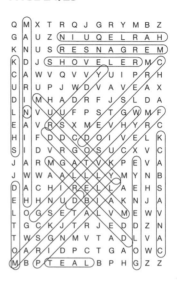

PAGE 26/27

PAGE 28/29

PAGE 30/31

PAGE 32/33

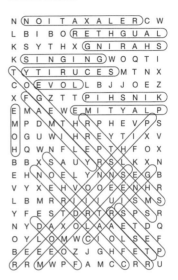

PAGE 34/35

PAGE 36/37

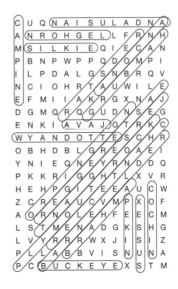

```
T F A T O I B Q W E V O D
S S F M E L F T H V P U W
M E J O N W A C A M F I X
B W K J V O Y S U N O I P
Y C O C K A T I E L Z N U
P E S T B O O T A K C O C
A M L O V E B I R D Q A X
R G C L N C U N I I R O L
R H O A O I A W P P N A W
O Y O E N W I I E K S M S
T E S R S A A J Q H Q P Y
L R F U I Q R M A U M T L
E G C N R T Z Y A M E O A
T N E O E H E N T Z R K F
V A X C G M D E A I O R I
G C A F O V W S X K C D N N
A I X L T K X E O A U J C
D R Q W O Z E A O G R O H
D F U T R T U L A Q G A T
Y A M V B U D G I E F O P
```

```
Y D R A P O E L T N A I G
Q Q G S N P E K G F M I Y
K C K W G W D H P A U D C
P R N R N H W J W L Q O J
Z H E E I I K A R S M G L
M M M D W T S P P E E V U
Q W P N R E W A T T M E N
E X E A A L H N J I H L A
W N R E E I E E Q G G P Y
C I O L L N R S E E B A D
J H R O C E C E L R Q M E
B P K A E D U S I U T Y T
G S L I E A L I M I N S T
A M M P F W E L E O A O O
R U O B F S S K H M H R P
D I N Y O S R L A O P H S
E L X F C Q F W W T E G N
N L Z M E E R A K H L Y I
I A E A D Y B C W A E U W
I G S C S U N S E T Z P T
```

```
Y C M B Q M S X L B Q M J
J Q A A E F T H U S B Y A
W O D R L A F I L D E S N
E G A H Q L P Z L F A C D
K T N E E P A D I B R N E
M Z A A R I V R J Y D T A
U E W D U N H E D U E I N
U H S E T E I N H R D W C
V T R D L C L A C V V D O
G F E G U H A R M U U O N
F V P O V O M C K T L G D
E R O O N U H N R H T D O
L J O S O G K O O F U E R
G F H E F H I M T X R L O
A N W O F C V M S R E I W
E Q D S I K M O E F S A S
D L E X R Q X C T F U T A
L U V E G G Y Y I B H R L
A F E L U N R I H D V A D
B N I E N J D H W Q X B R
```

```
C E C N E D N E P E D N I
N S S E N S S E L R A E F
M E H T U R T E L C A R O
P L G R E K A M E C A E P
R C U E I H T G N E R T S
O P I E N X M O D E E R F
S R D O F H W G D Z V J T
P O A P A E F I L G N O L
E T N R N V B Q Z D N V E
R E C R T Q A B V R B A C
I C E E D B A A D V R K N
T T R R E M W C A Q E L E
Y O E A L T A X L A G Y G
D R T C I P K G C H N Q I
X M S E V I E X A I E I L
O O K N E R N Y V Q S V L
Z D C I R E I O N L S V E
Y S I V E W N I V N E U T
Q I R I R O G O C W M Z N
J W T D D P Z R W X Z A I
```

PAGE 46/47

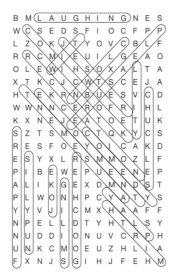

PAGE 48/49

PAGE 50/51

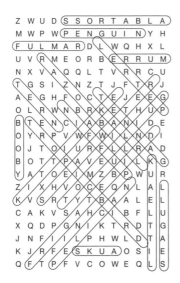

PAGE 52/53

PAGE 54/55

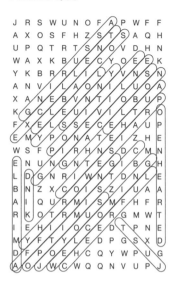

PAGE 56/57

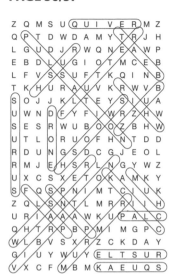

PAGE 58/59

PAGE 60/61

PAGE 62/63

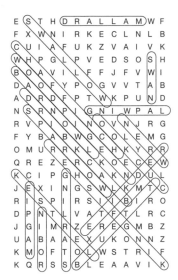

PAGE 64/65

PAGE 66/67

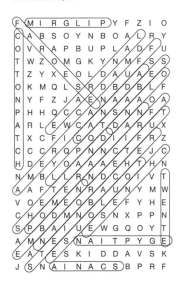

PAGE 68/69

PAGE 70/71

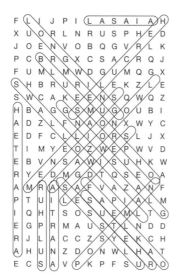

PAGE 72/73

PAGE 74/75

PAGE 76/77

PAGE 78/79

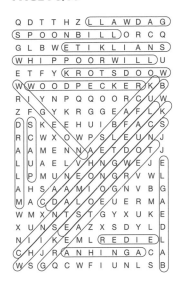

PAGE 80/81

PAGE 82/83

PAGE 84/85

PAGE 86/87

PAGE 88/89

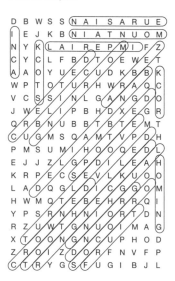

PAGE 90/91

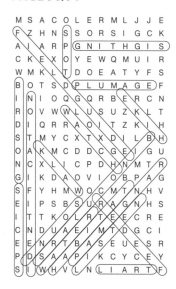

PAGE 92/93

PAGE 94/95

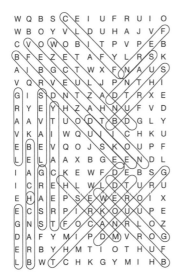

PAGE 96/97

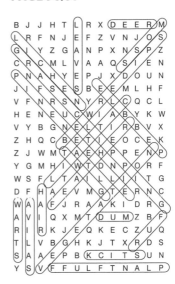

PAGE 98/99

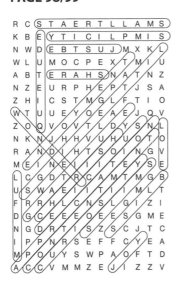

PAGE 100/101

PAGE 102/103

PAGE 104/105

PAGE 106/107

PAGE 108/109

PAGE 110/111

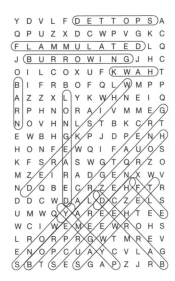

PAGE 112/113

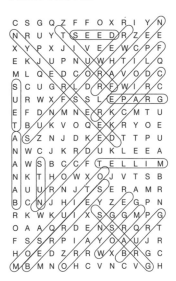

PAGE 114/115

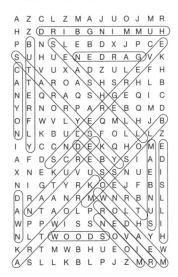

PAGE 116/117

PAGE 118/119

PAGE 120/121

PAGE 122/123

PAGE 124/125

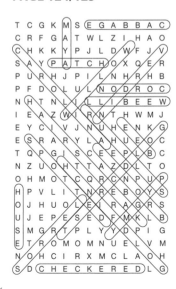

PAGE 126/127

PAGE 128/129

PAGE 130/131

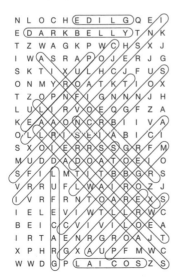

PAGE 132/133

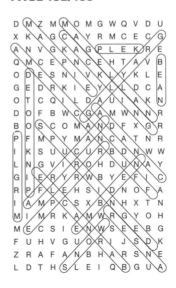

PAGE 134/135

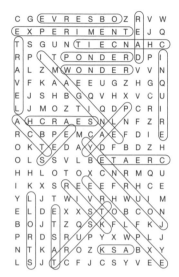

PAGE 136/137

PAGE 138/139

PAGE 140/141

PAGE 142/143

```
F T E E K A R A P K N O M
A Y W Y M I L Q U O R L V
K Y Q T N O E G I P K O Y
M T S R Q B X Z B Z U Z T
A Q R P W L H X L F Z Q J
C B O O X A J I O G F I C
A L D N D C N S V O S N B
R U N Q A K I N E O B Y E
O E O S L V F B B S N W N
N J C B B U F B I E D A A
I A A C A L U H R L I C R
P Y I C T T P U D G I A C
E L N Y R U C O R A O M L
N W R S O R I S I E F T L
G O O W S E T P V D G E I
U N F A S F N R Z L I L H
I R I N Z H A E K A C R D
N A L Q Q M L Y E B I A N
W B A B K I T X B G Q C A
L J C C B F A Z E X W S S
```

PAGE 144/145

```
H B N A W S R E P O O H W
N L N A T T H C I R T S O
E A I S C G Y X Z Y B V B
V C U N U B S A E N Q V P
A K B Y I V O A J B I B L
R P A U X D O L P G M Y A
K O R M V L T P V L S Y R
J L H E A L Y I W Y S M C
R L E O Y P S N V D U D T
H W A O R A H E N Q N R I
A A D T A R E C K U C I C
N R E A W R A H G Y O B T
Y B D K O O R O T A N L E
M L G C S T W U E C U L R
L E O O S O A G E R R E N
L R O C A I T H K N E B D
I B S A C T E V A U J G G
H S E E N A R M R Y H A Q
X F D Z Q F X W A T E G M
Y S U W I E N M P K R P R
```

PAGE 146/147

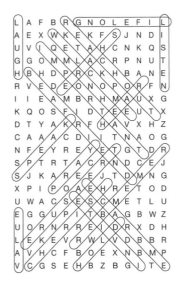

```
L A F B R G N O L E F I L
A E X W K E K F S J N D I
U V I Q E T A H C N K Q S
G G O M M L A C R P N U T
H B H D P R C K H B A N E
R V E D E O N O P O R F N
I I E A M B R H M A U X G
K Q O S F I D T X E U T X
D T Y A K R F H A V X H Z
C A A A C D I I T N A O G
N F E Y R E Y E T G T D R
S P T R T A C R N D C E J
S J K A R E E J T D M N G
X P I P O A E H R E T O U
U W A C S E S C M E T L U
E G G U P I T B A G B W Z
U O R N R R E D R X D H
L E K E V R W L V D B B R
A V H C F B O E X N B M P
V C G S E H B Z B G I T E
```

PAGE 148/149

```
S B G N I L R A T S S W H
L R W P L U Z V I O I O M
C K O E G M E J Y M H O M
N E R D O J V J B J A D I
Y E R V L A O B A U I P S
J V A X D G D L L S R E Z
J I P J F T G U T S Y C H
N Q S T I H N E I D W K C
I B G U N O I J M R O E H
R V N E C U N A O I O R I
O N O O H S R Y R B B D U
R O S U T E U H E E P P K
N E Z L L F O C O U E H A
A G F A D I M J R L I C Y D
C I I N R N Q F I B K N E
I P K I I C S R O A E E E
R K Q D B H J W L B R R X
E C A R W D S J E S V W U
M O F A O H C T A H T U N
A R Z C C K E L K C A R G
```

189

PAGE 150/151

PAGE 152/153

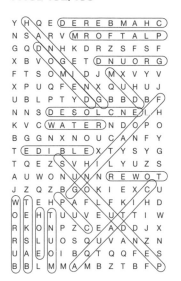

PAGE 154/155

PAGE 156/157

PAGE 158/159

PAGE 160/161

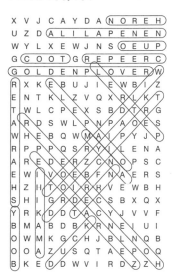

PAGE 162/163

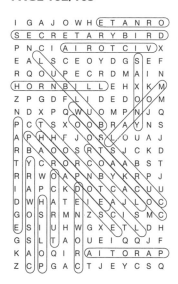

PAGE 164/165

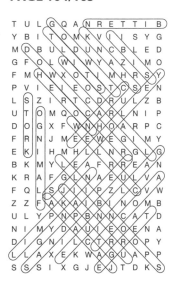

PAGE 166/167

PAGE 168/169

PAGE 170/171

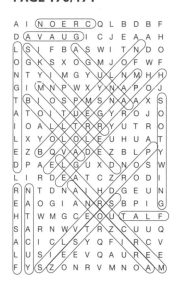

Adopt the
pace of nature:
her secret
is patience.

Ralph Waldo Emerson